ALLAIS
... SIMPLE

ALPHONSE ALLAIS

ALLAIS
... SIMPLE

Ses plus beaux contes
choisis par l'Académie Alphonse Allais

Préface de Philippe Bouvard

l'Archipel

IL A ÉTÉ TIRÉ DE CET OUVRAGE 200 EXEMPLAIRES CONSTITUANT L'ÉDITION ORIGINALE, NUMÉROTÉS DE 1 À 200 ET DESTINÉS À L'ACADÉMIE ALPHONSE ALLAIS.

Sélection des textes (impayables) : Alexis Abakoumoff et Jean Tordjmann.
Documentation et recherches (non rétribuées) : Pierre David.
Les noirs dessins des amis Henry Blanc, Michel Jouet et Gilles Rousseau n'ont fait l'objet d'aucune négociation commerciale ni d'aucun compromis ; ce sont des actes gratuits (tous droits réservés malgré tout).

Si vous désirez recevoir notre catalogue et être tenu au courant de nos publications, envoyez vos nom et adresse, en citant ce livre, aux Éditions de l'Archipel,
34, rue des Bourdonnais, 75001 Paris.
Et, pour le Canada, à
Édipresse Inc., 945, avenue Beaumont.
Montréal, Québec, H3N 1W3.

ISBN 2-84187-375-7

Préface

Cher Alphonse Allais, fallait-il qu'il possède du talent, du cœur et de l'indépendance pour fédérer un siècle après sa mort tous ceux qui considèrent qu'une petite nouvelle du Captain Cap vaut bien davantage que les gros titres des journaux télévisés. Il fut, sans en avoir l'air, le pionnier de la décentralisation en rappelant que l'esprit ne souffle pas de Paris vers la province, comme on le dit trop souvent, mais dans le sens inverse. Il était à la fois écrivain de haute lignée, penseur subtil, polémiste généreux et poète épique, celui qui écrivait :

Tamerlan, conquérant farouche,
Dans un combat fit vingt captifs.
Il les fit empaler tout vifs.
On n' dit pas si c'est par la bouche ?…
Moralité :
Malheur aux vaincus !

Cet homme aurait mérité une statue si l'iconoclastie des pigeons ne menaçait pas de souillures indélébiles toute l'histoire terrestre.

Philippe Bouvard
de l'Académie Alphonse Allais

Projet de socle pour un buste d'Alphonse Allais,
par Michel Jouet, peintre et sculpteur, Ami d'Alphonse Allais.

« A son berceau la fée d'Honfleur
lui avait cérémonialement demandé
Seras-tu sérieux
Alphonse Allais ?
Jamais madame
Jamais
avait répondu l'enfant à la fée. »

(Jacques Prévert, 1954)

Premier avril

Je viens d'accomplir une plaisanterie complètement idiote, mais dont le souvenir me causera longtemps encore de vives allégresses.

Ce matin, un peu avant midi, je me trouvais à la terrasse de Maxim's.

Quelques gentlemen préalablement installés y tenaient des propos dont voici l'approximative teneur :

— Ce vieux Georges !

— Ce cher Alfred !

— Ce sacré Gaston !

— Je t'assure, mon vieux Georges, que je suis bien content de te rencontrer !

— Depuis le temps !...

— Et moi aussi !

... Abrégeons ces onomatopées.

— Tu déjeunes avec nous, hein ?

— Volontiers ! Où ça ?

— Ici.

— Entendu !

— Et tu dînes avec nous, aussi ?

— Oh ! ça, pas mèche !

— Pourquoi donc ?

— Tous les samedis que Dieu fait, c'est-à-dire 5 200 fois dans le cours d'un siècle, je dîne chez Alice.

— Quelle Alice ?

— Ma nouvelle bonne amie.

— Gentille ?

— Très !... mais un caractère !...

— Amène-la.

— Impossible ! le samedi, elle a sa famille.

— Alors, avise-la d'un empêchement subit.

Le nommé Georges, à qui ses camarades tenaient ces propos tentateurs, semble hésiter un instant.

Puis brusquement :

— Et allez donc ! C'est pas ma mère !

Un petit bleu apporté par le garçon fut aussitôt griffonné : *Excuse-moi pour ce soir... Forcé partir en province... Affaire urgente... mon avenir en dépend... Temps semble si long loin de toi...* etc. Puis l'adresse : *Alice de Grincheuse, 7, rue du Roi-de-Prusse.*

Par le plus grand des hasards (je ne suis pas de nature indiscrète), mes regards tombèrent sur l'adresse de la dame *Alice de Grincheuse, 7, rue du Roi-de-Prusse.*

A cette minute précise, je me transformai en artisan diabolique, comme dit Zola (non sans raison), de l'imbécile facétie suivante :

Je me rends à la Taverne-Royale, demande de quoi écrire et le chasseur.

— Chasseur, portez ce mot immédiatement à cette adresse... Il n'y a pas de réponse.

Après quoi, je reviens sans tarder chez Maxim's, où je m'installe à la table voisine des précités gentlemen.

Pendant que ces derniers dégustent leurs huîtres, lisez mon fallacieux petit billet à la jeune Alice :

« Ma chère Alice,

» Si tu n'as rien de mieux à faire, amène-toi donc tout de suite déjeuner avec moi et quelques camarades chez Maxim's. Ne t'étonne pas (sans calembour) de ne pas reconnaître mon écriture ; je viens de me fouler bêtement le pouce, et c'est mon ami Gaston qui tient la plume pour moi. Viens comme tu es.

» Ton fou de

» GEORGES. »

. . . .

Oh ! ce ne fut pas long !

La sole frite n'était pas plus tôt sur la table, qu'une jeune femme, fort gentille, ma foi, envahissait le célèbre restaurant.

— Tu t'es fait mal, mon pauvre Georges ?

Inoubliable, la tête de Georges !

— Alice ! Qu'est-ce que tu fais ici ?

Inoubliable tête d'Alice !

— Comment, ce que je fais ici ? Tu es fou, sans doute ?

Inoubliables, les deux têtes réunies d'Alice et de Georges !

D'autant plus inoubliables que – j'omis ce détail – Georges et ses amis avaient cru bon de corser leur société au moyen de deux belles filles appartenant – je le gagerais – au demi-monde de notre capitale.

Un qui ne s'embêtait pas, c'était moi, avec mon air de rien.

Plus les pauvres gens s'interrogeaient, plus s'inextriquait la situation.

Est-ce bête ! Je n'ai jamais déjeuné de si bon appétit.

« ... Allais, ce comique mangé de mélancolie, continuant ses articles dans la vie... »

(Edmond de Goncourt, *Journal*, 6 juillet 1895)

La télégraphiste

A Steinlen [1]

J'étais descendu à la petite station de Crugnon-sur-Sarthe, où m'attendait la voiture de mon ami Desgodilles.

Dans le train, je m'étais brusquement aperçu d'un oubli, d'un oubli impardonnable (je vous raconterai ça un jour ou l'autre), et ma première préoccupation, en débarquant, fut d'envoyer un télégramme à Paris.

Je me fis donc conduire au bureau de *Postes et Télégraphe.*

Sans m'arrêter à ce qu'il y a de singulier à y mettre *télégraphe* quand on met *postes* au pluriel, j'entrai résolument.

Dans une encre décolorée, mais boueuse, je trempai une vieille plume, si vieille et si lasse ! et péniblement je traçai des caractères dont l'ensemble constituait ma dépêche.

Une vieille dame la recueillit sans bienveillance, compta les mots et m'indiqua une somme que je versai sans plus tarder sur la planchette du guichet.

J'allais me retirer avec la satisfaction du devoir accompli, lorsque j'aperçus dans le bureau, me tournant le dos, une femme occupée à manipuler fiévreusement un *Morse.*

---

1. Théophile-Alexandre Steinlen (1859-1923), peintre et graveur, collabora à ses débuts au *Mirliton,* où il côtoya « hydropathes » et « fumistes ».

Jeune, probablement ; rousse, sûrement ; jolie, pourquoi pas ?

Sa robe noire, toute simple, moulait un joli corps dodu et bien dessiné.

Ses cheveux, relevés en torsade sur le haut de la tête, dégageaient la nuque, une nuque divine, d'ambre clair, sur laquelle descendait, très bas, dans le cou, une petite toison fine, frisée.

Et une envie me prit, subite, irraisonnée, d'embrasser à pleine bouche cette nuque affolante.

Dans l'espoir que la jeune télégraphiste allait se retourner, j'étais resté là, au guichet, posant à la vieille des questions bêtes et incohérentes.

Mais la nuque *transmettait* toujours.

De guerre lasse, je m'en allai.

Ce serait me méconnaître étrangement en ne devinant pas que, le lendemain matin, j'étais à la première heure aux *Postes et Télégraphe.*

Elle y était la belle rousse, et seule.

Cette fois-ci, elle fut forcée de me montrer son visage, et je ne m'en plaignis pas, car il était digne de la nuque.

Et des yeux noirs, avec ça, très grands.

Oh ! les yeux noirs des rousses !

J'achetai des timbres, j'envoyai des dépêches, je m'enquis de l'heure des distributions ; bref, je restai un bon quart d'heure à jouer au naturel un rôle d'imbécile amoureux.

Elle me répondait tranquillement, posément, avec un air de petite femme raisonnable et impassible.

Et j'y revins tous les jours et même deux fois par jour, car j'avais fini par connaître ses heures de service, et je me gardais bien de manquer ce rendez-vous, que j'étais le seul, hélas ! à me donner.

Pour rendre vraisemblables mes visites, j'écrivais des lettres à n'importe qui, j'adressais des télégrammes à une foule de gens qui certainement me crurent frappé d'aliénation.

Jamais de ma vie je ne m'étais livré à une telle orgie de correspondance.

Et chaque jour je me disais : C'est pour cette fois, je vais lui parler de ma passion.

Mais, chaque fois, son air sérieux me glaçait, et au lieu de lui dire : « Mademoiselle, je vous aime ! » je balbutiais : « Un timbre de trois sous, s'il vous plaît. »

La situation devenait intolérable.

Comme ma villégiature tirait à sa fin, je résolus de brûler mes vaisseaux et de risquer le tout pour le tout.

J'entrai au bureau, et voici le télégramme que j'envoyai à un de mes amis :

William Chrétien. Talence, près Bordeaux.

Je suis amoureux fou de la télégraphiste de Crugnon-sur-Sarthe.

Je m'attendais pour le moins à voir se roser un peu son éclatante peau blanche.

Il n'en fut rien.

De son air le plus ordinaire, elle me dit ces simples mots :

— 75 centimes.

Totalement abruti par cette belle tranquillité, je me fouillai (sans calembour) pour payer ma dépêche.

Pas un sou de monnaie dans mes poches.

Alors, je tirai de mon portefeuille un billet de mille francs.

La jeune fille le prit, l'examina soigneusement, le palpa...

L'examen fut sans doute favorable, car sa physionomie se détendit brusquement en un joli sourire qui découvrit ses affriolantes quenottes. Et puis, sur un ton bien parisien, et même bien IXe arrondissement, elle me demanda :

— Faut-il rendre la monnaie, monsieur ?

« Qui est beau
Mirbeau
Qui est frais
Allais... »

(Paul Verlaine,
La Plume, février 1896)

La belle inconnue

Il descendait le boulevard Malesherbes, les mains dans ses poches, l'esprit ailleurs, loin, loin (et peut-être même nulle part), quand, un peu avant d'arriver à Saint-Augustin, il croisa une femme.

(Une jeune femme dont la description importe peu ici. Imaginez-la à l'instar de celle que vous préférez et vous abonderez dans notre sens.)

Machinalement, il salua cette personne.

Mais elle, soit qu'elle n'eût point reconnu notre ami, soit qu'elle n'eût point remarqué son salut, continua sa route sans marque extérieure de courtoisie réciproque.

Et pourtant, se disait-il, il l'avait vue quelque part, cette bonne femme-là, mais où diable ! et dans quelles conditions ?

En tout cas, insistait-il à part lui, c'était une bien jolie fille, avec laquelle on ne devait pas s'embêter.

Au bout de vingt pas, n'y pouvant tenir, obsédé, il rebroussa chemin et la suivit.

De dos aussi, il la reconnut.

Où diable l'avait-il déjà vue, et dans quelles conditions ?

La jeune femme remonta le boulevard Malesherbes jusqu'à la jonction de cette artère avec l'avenue de Villiers.

Elle prit l'avenue de Villiers et marcha jusqu'au square Trafalgar.

Elle tourna à droite.

Et lui, la suivant toujours, se disait :

— C'est drôle, j'ai l'air de rentrer chez moi.

Avec tout ça, il ne se rappelait encore pas où diable il l'avait déjà vue, cette jeune femme, et dans quelles conditions.

Arrivée devant le n° 21 de la rue Albert-Tartempion, la dame entra.

Ça, par exemple, c'était trop fort ! La voilà qui pénétrait dans sa propre maison !

Elle prit l'ascenseur.

Lui, quatre à quatre, grimpa l'escalier.

L'ascenseur stoppa au quatrième étage, son étage !

Et la dame, au lieu de sonner, tira une clef de sa poche et ouvrit la porte.

Quelque élégante cambrioleuse, sans doute.

Lui, ne faisait qu'un bond.

— Tiens, dit la belle inconnue, tu rentres bien tôt, ce soir !

Et seulement à ce moment il se rappela où, diable ! il l'avait vue, cette jeune personne, et dans quelles conditions.

C'était sa femme.

« Il régissait en maître absolu le royaume de l'absurde avec les lois de la raison, et, semblable à Spinoza, tenait pour réels tous les possibles. »

(Paul Acker)

Le scandale de demain

Par cette époque où trône la pseudo-imitation de simili-faux strass, l'homme de bonne foi – j'entends *de réelle bonne foi* – étreint en ses mains brûlantes son crâne prêt à éclater et murmure, abattu :

— Où s'arrêtera l'audace des contrefacteurs ?

Je puis lui dire, moi, à cet être loyal, où elle s'arrêtera, l'audace des contrefacteurs : elle est bien décidée à ne s'arrêter jamais, et elle ne s'arrêtera jamais, jamais, jamais !

Les hommes de réelle bonne foi n'ont qu'à porter le deuil de leurs espérances.

Le scandale que je dévoile en les lignes ci-dessous, et dont toute la presse s'occupera demain, va montrer quels sommets peuvent atteindre le toupet et l'ingéniosité des fraudeurs.

Pour ne pas faire moisir les charmantes jeunes femmes qui me font l'honneur de me lire, disons tout de suite que la police vient de découvrir à Paris l'existence de quatre gares clandestines.

Pour les personnes qui n'auraient pas bien entendu, je répète : *La police vient de découvrir à Paris l'existence de quatre gares clandestines.*

Quatre gares clandestines, vous avez bien lu, et qui correspondent chacune à une ligne secrète de chemin de fer.

La découverte de ce fait vraiment particulier mérite d'être contée par le menu.

Depuis assez longtemps, les Compagnies de chemins de fer s'apercevaient d'une baisse assez sérieuse dans leurs recettes, baisse que rien ne semblait justifier.

Une enquête, menée de la façon la plus intelligente, n'amena aucun résultat.

L'économiste Paul Leroy-Beaulieu[1], consulté à ce sujet, écrivit un volumineux rapport dont la conclusion, bien personnelle, était la suivante : la baisse dans les recettes des Compagnies doit correspondre à une diminution dans le nombre de voyageurs ou de marchandises transportés.

Les choses en étaient là quand, un jour, l'inspecteur de la Sûreté Fauvette, attablé chez un mastroquet de la rue de Flandre, observa des faits qui lui parurent éminemment louches.

Sur le coup de six heures et demie ou sept heures du soir, des clients, en assez grande quantité, pénétraient chez le mastroquet.

Ils se dirigeaient vers une salle située dans le fond du débit.

Tout ce monde entrait, entrait, et personne ne sortait, ne sortait.

Quelques centaines de personnes s'introduisirent ainsi et ne sortirent point.

Et d'autres centaines encore.

Et puis des milliers.

Ayant payé sa consommation d'abord, et d'audace ensuite, l'agent prit le même chemin que tous ces mystérieux personnages.

Dans un coin de la salle du fond, se spiralisait un escalier de trois cent et quelques marches qui vous conduisait au sein d'une cave, d'une immense cave puissamment éclairée à l'électricité.

---

1. Paul Leroy-Beaulieu (1843-1916), fils d'un député du Calvados, économiste, professeur d'économie politique, était l'une des têtes de Turc favorites d'Allais.

Dans cette cave, la locomotive d'un train en partance haletait rythmiquement.

Le policier n'eut que le temps de se jeter dans un wagon.

Une demi-heure après, il débarquait dans une autre cave, la cave d'un mastroquet de Maisons-Laffitte.

Sa religion était éclairée.

Nul doute, désormais !

Une semaine ne s'écoula pas sans qu'on eût mis la main sur la vaste trame d'une entreprise encore inconnue dans l'histoire de la fraude.

D'importantes arrestations ont été opérées, hier.

On parle d'anciens hauts fonctionnaires des Compagnies, récemment destitués et qui se seraient mis à la tête de cette incroyable et peu délicate concurrence.

D'ailleurs, tout le personnel de ces chemins de fer clandestins serait, paraît-il, recruté parmi les employés, mécaniciens, etc., révoqués des Compagnies.

On s'attend à des révélations piquantes.

L'or anglais ne serait pas étranger à l'affaire.

A bientôt des détails circonstanciés.

Dernière heure. – On vient de découvrir, dans le grenier d'un marchand de grains du Vésinet, les douze locomotives dont la disparition avait fait si grand bruit, la semaine dernière, à la gare du Nord.

« Le 20 novembre 1897, notre génial fondateur relatait la prise de l'obélisque de la Concorde et de Louqsor réunis, alors qu'à partir d'octobre 1956, Furax allait, avec les détectives Black et White (alias Pierre Dac et Francis Blanche) – dans la série immortelle de Signé Furax *– pourchasser jusqu'au Filekistan ceux qui avaient dérobé le même obélisque et l'avaient remplacé par du polystyrène expansé. Cette troublante répétition de méfaits doit éveiller notre vigilante méfiance. Afin que cette flamberge au vent, ce point d'exclamation, reste l'image de la vigueur de notre nation, nous proposons à tous les lecteurs de ce livre et particulièrement aux membres de l'Association des Amis d'Alphonse Allais d'établir une garde permanente, jour et nuit, autour de l'obélisque, servant ainsi de préservatif au symbole sans défaillance de notre concorde triomphante. »*

(Pierre Arnaud de Chassy-Poulay, Haut-Parleur de l'Académie Alphonse Allais)

Le cambriolage de l'Obélisque

(FAIT DIVERS)

Dans la nuit de mercredi à jeudi, deux gardiens de la paix, opérant leur ronde, place de la Concorde, ne furent pas peu surpris en apercevant de la lumière qui filtrait à travers l'une des crevasses de l'Obélisque de Louqsor.

Tout d'abord, ils se crurent le jouet d'une illusion.

Mais, en s'approchant, aucun doute ne leur fut permis et les braves agents se virent forcés de se rendre à l'évidence : une lueur filtrait par la crevasse.

Positivement, une lueur filtrait.

Un peu ahuris, les agents firent le tour du monument et ne purent que se convaincre de cette étrange réalité : il y avait de la lumière dans l'Obélisque.

« Sur l'insistance du brigadier, le commissaire se décida à se porter sur les lieux… »

« … et force lui fut bien de constater que les agents n'avaient point la berlue. »

Deux dessins détournés de la bande dessinée d'Henry Blanc (Ami d'Alphonse Allais), publiée dans *France-Soir* au temps de la série radio « Signé Furax », de Pierre Dac et Francis Blanche.

A grands pas, ils rentrèrent au poste, signalèrent le fait au brigadier qui n'hésita pas à envoyer quérir le commissaire de police.

Ce magistrat crut d'abord à une mystification.

— C'est probablement, dit-il en ricanant, le concierge de l'Obélisque qui aura oublié de souffler sa chandelle.

Sur l'insistance du brigadier, le commissaire se décida à se porter sur les lieux, et force lui fut bien de constater que les agents n'avaient point la berlue.

D'un bond, ces messieurs franchirent la grille et vinrent appuyer leur oreille contre la paroi extérieure de l'édifice.

Dans l'intérieur du vieux monument égyptien, résonnaient des bruits d'orgie, des chocs de verres, des propos sacrilèges et blasphématoires, des refrains populaciers, d'obscènes poésies.

Un rapide examen permit à ces messieurs de constater qu'aucune porte, dissimulée ou non, ne permettait l'accès dans l'Obélisque.

Les malfaiteurs avaient donc dû pénétrer par en dessous.

. . . .

Ce n'est pas une petite affaire que de réveiller les agents du Service des Égouts à trois heures du matin.

Il le fallut bien, pourtant.

Ajoutons que ces braves fonctionnaires ne regrettèrent point leur repos interrompu, car le spectacle qu'ils eurent à contempler sortait véritablement du banal.

Partant d'une petite branche d'égout (rarement explorée), des malfaiteurs avaient pratiqué un long trou qui venait aboutir juste au-dessous de l'Obélisque.

De là, et verticalement, grâce à des instruments *ad hoc*, une patience inaltérable et une énergie qui, mieux appliquée, aurait produit de grandes choses, ces bizarres cambrioleurs avaient réussi à évider l'antique bloc de granit, ne lui réservant qu'une épaisseur d'un centimètre à peine.

Quand, précédés du commissaire ceint de son écharpe, les braves agents pénétrèrent dans l'Obélisque, quatre individus, deux hommes à face patibulaire et deux filles dites de barrière, s'y trouvaient, s'adonnant à la plus crapuleuse orgie.

Pour ne point mentir, ces personnages n'étaient point rangés autour d'une table circulaire.

L'exiguïté du local les avait contraints à s'espacer sur une échelle verticale en fer creux, dérobée dans un grand magasin non loin du pont Notre-Dame.

Pour se communiquer aliments ou breuvages, ces indélicats personnages employaient le système américain dit *up and down,* c'est-à-dire que celui d'en bas passait litre ou charcuterie variée à son voisin d'au-dessus, lequel en faisait autant, et ainsi de suite.

. . . .

Tout ce joli monde a été envoyé au Dépôt.

« Il aurait voulu
être poète lyrique ! »

(Gabriel de Lautrec)

La barbe

Mettons que cette barbe était une des cinq ou six jolies barbes de Paris, et n'en parlons plus !

Ou plutôt parlons-en, car tout mon récit va rouler sur cette barbe, une barbe comme il n'y en a pas (ou s'il y en a, il n'y en a pas des tas).

Longue, follement abondante, soyeuse (puisque n'ayant jamais subi l'offense du rasoir), brunement dorée, cette barbe était la barbe qui fait se retourner tous les passants, quels que soient leur sexe, leur âge, leur nationalité, en disant : Dieu ! la belle barbe !

Cette barbe, d'ailleurs, ne suscitait chez son porteur aucune de ces vanités si fréquentes chez les porteurs de belles barbes.

Celui-là était un garçon simple ; au double sens qu'on donne ordinairement au mot simple.

Certes, il ne se désintéressait pas de sa barbe et même il y était fort attaché, mais pas jusqu'à écraser l'humanité d'un mépris de la trouver, en général, si mal poilue.

Un jour notre ami se trouva en joyeuse société.

Les dames étaient recrutées parmi les jeunes demoiselles impudiques qui parlent sans le moindre embarras à des messieurs qu'elles n'ont encore jamais vus et qui abordent avec eux, sans plus tarder, des sujets de toute intimité.

La plus délurée et aussi la plus jolie de ces provisoires compagnes fit, en apercevant la belle barbe du jeune homme, les gestes d'une qui suffoque.

— Nom d'un chien ! monseigneur, comme vous avez une belle barbe !

Il s'inclina, visiblement flatté.

— Vous couchez avec ? insista l'effrontée.

— Mais oui, mademoiselle !

— Vous n'avez pas peur de l'abîmer ?

Ne trouvant pas un mot spirituel, il rit bêtement, comme très amusé...

Suivirent quelques plaisanteries obscènes et de mauvais goût sur l'économie des différents systèmes pileux de l'humanité.

(On me saura gré de passer sous silence ces détestables gravelures.)

Redevenant presque convenable, la gentille courtisane s'informa, d'une voix hiératique :

— Dites-moi, monsieur, comment couchez-vous avec votre barbe ?

— Comment ?... Comment je couche avec ma barbe ?... Je ne comprends pas ce que vous voulez dire.

— Oui !... De quelle façon disposez-vous votre barbe pour dormir ?... L'étalez-vous sur votre couverture ? Ou bien, si vous la cachez sous vos draps ?

— Je vous avoue, mademoiselle, que je n'ai jamais fait attention à ce détail. Je couche... comme ça se trouve.

Ce fut, dans toute la joyeuse société, un cri général de stupeur.

— Comment ! Tu ne sais pas où tu mets ta barbe en dormant ?

Le pauvre garçon (j'ai dit plus haut l'âme simple qu'il était) fut troublé au plus creux de son être.

En effet, il n'avait jamais remarqué où il la mettait, sa barbe, pour dormir ! Dehors ? Dedans ?

Il rentra chez lui fort perplexe, et se coucha.

Il essaya de faire comme à l'ordinaire et de ne *se préoccuper de rien.*

Vainement !

Quand on est préoccupé de quelque chose, dit un proverbe arabe, on ne saurait point se préoccuper de rien (*traduction littérale*).

Tout d'abord, il se coucha sur le dos, disposa sa barbe soigneusement sur les draps, qu'il ramena jusqu'à son cou.

Le sommeil ne vint pas.

Alors, il prit sa barbe et l'enfouit, toute, sous les courtines.

Le sommeil ne vint pas.

Il se coucha sur le ventre.

Le sommeil ne vint pas.

Il se coucha sur le côté, divisant sa barbe en une moitié dehors et l'autre dedans.

Le sommeil ne vint pas.

Il se coucha sur l'autre côté.

Le sommeil ne vint pas.

Ce fut une des nuits les plus atroces de la fin de ce siècle.

Les nuits qui suivirent furent aussi d'horribles nuits sans sommeil.

Et, le lendemain matin d'une de ces nuits, notre ami alla chez Lespes[1] et fit raser, raser intégralement, sa barbe, sa belle barbe, qui ne fera plus jamais se retourner les passants, tous les passants, quels que soient leur sexe, leur âge, leur nationalité !

1. Lespes, coiffeur habituel d'Alphonse Allais, était établi 21, boulevard Montmartre.

« Il est capable de remplir des lignes et des lignes d'une monotone grisaille, pour que, juste à la fin, explose un "gag" particulièrement percutant. Il joue avec toutes les difficultés. Il escamote, triche, illusionne et mystifie tant qu'il peut. Tant et plus. »

(Anatole Jakovsky,
préfacier de *Littoralement*)

La recherche de l'inconnue

Dans les conseils qu'on donne aux jeunes gens, on n'insistera jamais assez sur les ennuis qui peuvent résulter pour eux d'actes de violence mal calculés ou de crimes accomplis à la légère.

Le court récit dont, braves messieurs et dames, vous allez bien vouloir prendre connaissance, servira d'éclatante consécration à cette thèse.

Un brave garçon – car, en dépit de sa nature tout de primesaut, c'était un brave garçon – assistait un matin aux funérailles d'une dame décédée, qui était la propre femme d'un de ses amis.

De complexion peu mystique, il n'apportait à la célébration du service religieux qu'une âme inattendrie, tempérée encore par une vague impatience.

Tout à coup...

Oh ! ne souriez pas, les malins ! Qui sait si pareil phénomène ne vous guette pas au tournant ?

Tout à coup...

Comme le firmament, le cœur a ses météores, ses comètes, ses fulgurs.

Tout à coup, notre ami ressentit au plus droit de son appareil sentimentalo-cardiaque, notre ami ressentit le coup de foudre.

Dans la partie gauche de la nef, côté des dames, à deux pas de lui, il venait d'apercevoir la plus ravissante des créatures dont le Bon Dieu ait jamais saupoudré notre globe.

Je vous la décrirais volontiers, mais je sens que ce serait peine et temps perdus.

D'ailleurs, ne l'ayant, pour ma part, jamais rencontrée, j'ignore si elle est belle ou laide, jeune ou vieille, si elle a les yeux blonds, noirs ou roux, les cheveux bleus, verts ou couleur de violette.

Et puis, encore une fois, qu'importe ?

L'essentiel est de constater que le pauvre garçon ressentit le coup de foudre, le fameux coup de foudre.

— Voilà une femme, n'eut-il même pas la force de se formuler à soi-même, voilà une femme sans laquelle, désormais, la vie m'apparaît comme le plus noir des néants.

Et il se jura d'apprendre qui elle était, et, quitte à l'épouser, de la faire sienne, tout de suite.

Mariée ? Eh ! on ferait disparaître l'importun !

... La messe terminée, pendant qu'à la sortie le pauvre veuf serrait, à la broyer, la main de notre ami, l'inconnue disparut.

L'inconnue disparut !

Et sur le parvis de l'église, toujours fulguré, mais dorénavant hébété, l'homme au coup de foudre était là, haletant, se démenant, furetant, refusant farouchement de croire à sa détresse. Jusqu'au soir, il resta là, espérant, dans je ne sais quelle démence, que l'inconnue repasserait par cet endroit, se jetterait dans ses bras, lui déclarant : « Moi aussi, je t'aime ; partons pour les îles Ioniennes ! »

La nuit tomba, noire.

Le lendemain matin, le jour se leva, plus noir encore, et ainsi de suite...

Demeurèrent vaines toutes les enquêtes que le malheureux fit afin de la retrouver...

... N'y tenant plus, en arrivant aux pires extrémités, il se tint froidement ce langage :

— Cette femme assistait à la messe célébrée pour les obsèques de l'épouse de mon camarade... C'est donc une amie de sa famille... Si mon ami venait à trépasser, sans nul doute qu'elle assisterait de même à la partie religieuse de ses funérailles... Je vais tuer mon ami et je la reverrai.

Il tua son ami, mais ne revit pas l'inconnue.

A l'issue de son meurtre, en effet, des gens de police l'avaient arrêté, et quelques mois plus tard des gens de justice le condamnaient à mort, avec, d'ailleurs, la plus réjouissante désinvolture.

... Heureux d'être débarrassé d'une existence désormais sans but, il marchait gaiement vers la guillotine, quand, soudain, il poussa un grand cri !

Grâce à une autorisation spéciale, rarement accordée, une jeune femme se trouvait parmi l'assistance privilégiée admise à s'approcher tout près de l'échafaud.

Son inconnue !

Mais il était bien temps !

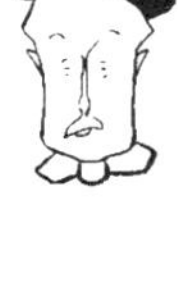

« Allais disait n'importe quoi – n'importe quoi d'Allais c'était toujours très bien. »

(Sacha Guitry)

Histoire peu croyable

Je viens d'envoyer à M. le directeur du *Journal des Débats* ma – dûment et durement motivée – démission d'acheteur au numéro.

Cause de mon ire : la publication, en ce vespéral et grave organe, d'une histoire extraordinaire, froidement racontée comme si c'était la chose la plus naturelle du monde, histoire qui n'eût certes pas été déplacée sous la plume du folâtre monsieur Georges Auriol.

Or, si j'achète les *Débats,* c'est pour y lire du sérieux, et vous aussi, n'est-il pas vrai, mes bons amis ?

Quand les gens graves se mettent à faire des blagues, ils ne les font pas à moitié.

Oyez plutôt :

(Je copie presque textuellement.)

« M. Henrik Dahl, de Talesund (Norvège), naturaliste distingué et fervent darwiniste, voulut suivre dans toutes ses phases l'évolution d'un être animé.

» A cet effet, il se procura un hareng pêché tout vif au fjord voisin ; il le plaça dans un aquarium dont il renouvela l'eau de mer, en diminuant, chaque jour, la quantité de liquide.

» D'abord un peu gêné, notre hareng se montra philosophe, et, ne pouvant plus se livrer à ses nautiques ébats, s'habitua peu à peu à vivre en amphibie, tantôt dans l'air, tantôt dans l'eau.

» M. Dahl poursuivit l'expérience : il vida l'aquarium.

» Le hareng parut incommodé ; mais il en prit son parti, s'accoutuma au régime sec, respira comme un terrien et s'éleva d'un degré dans l'échelle des êtres.

» Pour le récompenser, M. Dahl le tira du bocal inutile, le posa sur le sol et lui apprit à vivre ainsi que le comportait sa nouvelle dignité.

» La bête était intelligente, affectueuse, souple ; elle fit tout ce qu'on voulut.

» Elle s'accommoda de nourritures inusitées chez les poissons, mangea dans la main de ses hôtes et s'éprit pour son maître d'une amitié si vive qu'elle témoignait un chagrin véritable quand celui-ci la quittait pour se rendre à ses occupations *(sic !)*.

» Alors, M. Dahl jugea le moment venu de franchir la seconde étape : il instruisit le docile animal à ramper comme font les serpents.

» Après quelques mois d'entraînement, le brave hareng se mouvait avec agilité : le naturaliste l'emmenait dans ses promenades et s'en faisait suivre comme d'un caniche *(resic !)*. »

Abrégeons et arrivons au drame :

« Un jour que M. Henrik Dahl et son hareng fidèle se promenaient dans le quartier du port, voilà qu'ils s'engagèrent sur un pont fait de planches disjointes !

» Hélas ! la malheureuse bête glissant par une fissure, tomba dans le bassin. »

... Et le *Journal des Débats* ajoute froidement :

« Il y a tout lieu de croire que, déshabitué de l'eau, le hareng s'est noyé. »

« C'est avec le titre qu'Allais fourvoie le lecteur des "Templiers" [...]. Dès les premières lignes, le narrateur hésite sur le nom du brigadier alsacien et il a même le culot de déclarer que, "du reste, le nom ne fait rien à la chose" à un lecteur habitué à ce qu'un titre annonce au moins l'action. Or, celle des "Templiers" est double : c'est en effet apparemment celle de deux cavaliers qui échouent dans un château de Templiers de l'île de Rhodes, mais c'est aussi celle des efforts que fait le conteur pour se souvenir du nom du brigadier. Ce second récit entrelarde le premier d'une série de boucles que néglige le lecteur suspendu à l'histoire haletante des deux soldats perdus, alors que les variations du nom du brigadier perturbent la succession des événements. Quand il s'aperçoit que le conteur s'intéressait seulement à ce nom et pas du tout aux Templiers, il est déjà trop tard : le conte s'achève sur la déception du lecteur qui n'en connaîtra jamais la fin. »

(François Caradec, *Alphonse Allais,*
Belfond, 1994)

Les Templiers

En voilà un qui était un type, et un rude type, et d'attaque ! Vingt fois je l'ai vu, rien qu'en serrant son cheval entre ses cuisses, arrêter tout l'escadron, net.

Il était brigadier à ce moment-là. Un peu rosse dans le service, mais charmant, en ville.

Comment diable s'appelait-il ? Un sacré nom alsacien qui ne peut pas me revenir, comme Wurtz ou Schwartz... Oui, ça doit être ça, Schwartz. Du reste, le nom ne fait rien à la chose. Natif de Neufbrisach, pas de Neufbrisach même, mais des environs.

Quel type, ce Schwartz !

Un dimanche (nous étions en garnison à Oran), le matin, Schwartz me dit : « Qu'est-ce que nous allons faire aujourd'hui ? » Moi, je lui réponds : « Ce que tu voudras, mon vieux Schwartz. »

Alors nous tombons d'accord sur une partie de mer.

Nous prenons un bateau, *souque dur, garçon !* et nous voila au large.

Il faisait beau temps, un peu de vent, mais beau temps tout de même.

Nous filions comme des dards, heureux de voir disparaître à l'horizon la côte d'Afrique.

Ça creuse, l'aviron ! Nom d'un chien, quel déjeuner !

Je me rappelle notamment un certain jambonneau qui fut ratissé jusqu'à l'indécence.

Pendant ce temps-là, nous ne nous apercevions pas que la brise fraîchissait et que la mer se mettait à clapoter d'une façon inquiétante.

— Diable ! dit Schwartz, il faudrait...

Au fait, non, ce n'est pas Schwartz qu'il s'appelait.

Il avait un nom plus long que ça, comme qui dirait Schwartzbach. Va pour Schwartzbach !

Alors Schwartzbach me dit : « Mon petit, faut songer à rallier. »

Mais je t'en fiche, de rallier. Le vent soufflait en tempête.

La voile est enlevée par une bourrasque, un aviron fiche le camp, emporté par une lame. Nous voilà à la merci des flots.

Nous gagnions le large avec une vitesse déplorable et un cahotement terrible.

Prêts à tout événement, nous avions enlevé nos bottes et notre veste.

La nuit tombait, l'ouragan faisait rage.

Ah ! une jolie idée que nous avions eue là, d'aller contempler ton azur, ô Méditerranée !

Et puis, l'obscurité arrive complètement. Il n'était pas loin de minuit.

Tout à coup, un craquement épouvantable. Nous venions de toucher terre.

Où étions-nous ?

Schwartzbach, ou plutôt Schwartzbacher, car je me rappelle maintenant, c'est Schwartzbacher ; Schwartzbacher, dis-je, qui connaissait sa géographie sur le bi du bout du doigt (les Alsaciens sont très instruits), me dit :

— Nous sommes dans l'île de Rhodes, mon vieux.

Est-ce que l'administration, entre nous, ne devrait pas mettre des plaques indicatrices sur toutes les îles de la Méditerranée, car c'est le diable pour s'y reconnaître, quand on n'a pas l'habitude ?

Il faisait noir comme dans un four. Trempés comme des soupes, nous grimpâmes les rochers de la falaise.

Pas une lumière à l'horizon. C'était gai.

— Nous allons manquer l'appel de demain matin, dis-je, pour dire quelque chose.

— Et même celui du soir, répondit sombrement Schwartzbacher.

Et nous marchions dans les petits ajoncs maigres et dans les genêts piquants. Nous marchions sans savoir où, uniquement pour nous réchauffer.

— Ah ! s'écria Schwartzbacher, j'aperçois une lueur, vois-tu, là-bas ?

Je suivis la direction du doigt de Schwartzbacher, et effectivement, une lueur brillait, mais très loin, une drôle de lueur.

Ce n'était pas une simple lumière de maison, ce n'étaient pas des feux de village, non, c'était une drôle de lueur.

Et nous reprîmes notre marche, en l'accélérant.

Nous arrivâmes, enfin.

Sur des rochers se dressait un château d'aspect imposant, un haut château de pierre, où l'on n'avait pas l'air de rigoler tout le temps.

Une de ces tours de ce château servait de chapelle, et la lueur que nous avions aperçue n'était autre que l'éclairage sacré tamisé par les hauts vitraux gothiques.

Des chants nous arrivaient, des chants graves et mâles, des chants qui vous mettaient des frissons dans le dos.

— Entrons, fit Schwartzbacher, résolu.

— Par où ?

— Ah ! voilà... cherchons une issue.

Schwartzbacher disait : « Cherchons une issue », mais il voulait dire : « Cherchons une entrée. » D'ailleurs, comme c'est la même chose, je ne crus pas devoir lui faire observer son erreur relative, qui peut-être n'était qu'un lapsus causé par le froid.

Il y avait bien des entrées, mais elles étaient toutes closes, et pas de sonnettes. Alors c'est comme s'il n'y avait pas eu d'entrées.

A la fin, à force de tourner autour du château, nous découvrîmes un petit mur que nous pûmes escalader.

— Maintenant, fit Schwartzbacher, cherchons la cuisine.

Probablement qu'il n'y avait pas de cuisine dans l'immeuble, car aucune odeur de fricot ne vint chatouiller nos narines.

Nous nous promenions par des couloirs interminables et enchevêtrés.

Parfois, une chauve-souris voletait et frôlait nos visages de sa seule peluche.

Au détour d'un corridor, les chants que nous avions entendus vinrent frapper nos oreilles, arrivant de tout près.

Nous étions dans une grande pièce qui devait communiquer avec la chapelle.

— Je vois ce que c'est, fit Schwartzbacher (ou plutôt Schwartzbachermann, je me souviens maintenant), nous nous trouvons dans le château des Templiers.

Il n'avait pas terminé ces mots, qu'une immense porte de fer s'ouvrit toute grande.

Nous fûmes inondés de lumière.

Des hommes étaient là, à genoux, quelques centaines, bardés de fer, casque en tête, et de haute stature.

Ils se relevèrent avec un long tumulte de ferraille, se retournèrent et nous virent.

Alors, du même geste, ils firent *Sabremain !* et marchèrent sur nous, la latte haute.

J'aurais bien voulu être ailleurs.

Sans se déconcerter, Schwartzbachermann retroussa ses manches, se mit en posture de défense et s'écria d'une voix forte :

— Ah ! nom de Dieu ! messieurs les Templiers, quand vous seriez cent mille... aussi vrai que je m'appelle Durand !...

Ah ! je me rappelle maintenant, c'est Durand qu'il s'appelait. Son père était tailleur à Aubervilliers. Durand, oui, c'est bien ça...

Sacré Durand, va ! Quel type !

« Alphonse Allais choisissait une aventure de la vie moyenne, une aventure très simple, très courante, banale, une aventure pouvant arriver à n'importe qui ; et, peu à peu, par développements d'une extraordinaire souplesse, par bonds gracieux et accélérés, il lui faisait tout à coup quitter la réalité, comme un aéroplane quitte le sol. On était ainsi conduit, sans savoir par quels mystérieux chemins, à un autre plan de la vie, sur une autre dimension. »

(Alfred Capus)

Épisode du siège de Paris

Quelqu'un venait de parler de bains de siège.

Ce dernier mot réveilla notre excellent ami, le major Heitner[1], jusqu'à présent assoupi.

— Ah ! oui ! s'écria-t-il. Le siège de Paris ! Très curieux, le siège de Paris, en 70, n'est-ce pas ? Je me souviens très bien, quoique je fusse à cette époque un seigneur de bien peu d'importance.

— Allons, fit l'un de nous, passe-toi un peu d'eau sur la figure, et conte-nous une anecdote relative au siège de Paris, cependant que chacun de nous s'occupera de sa chacune, sans prêter d'autre intérêt à tes propos.

Le major Heitner agit comme on lui avait commandé.

— Quand éclata la guerre franco-allemande, j'avais une belle pièce de sept ou huit ans. Un Cinghalais de nos amis venait d'envoyer à ma famille un petit éléphant, tout jeune, un amour de petit éléphant.

1. Heitner, dit « Jules Heitner » dans un autre conte repris dans *Rose et vert pomme* (1894), était un ami de Tristan Bernard. Son grade de « major », de pure fantaisie, est d'origine allaisienne.

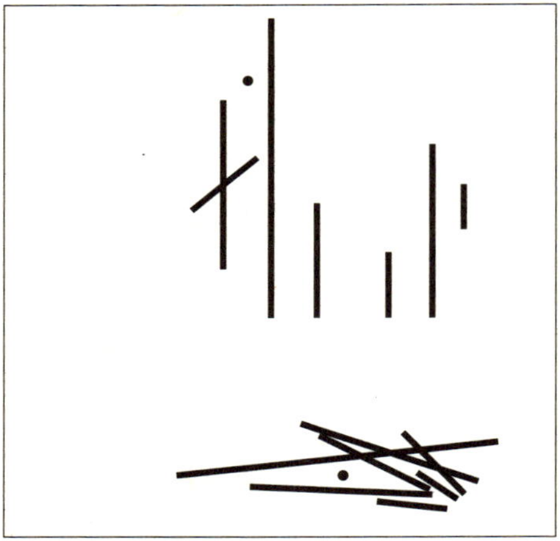

« Poussé par la faim, l'artiste fier et digne avait mangé l'éléphant dans l'escalier. »

L'éléphant et ses restes illustrés synthétiquement
par Michel Jouet, lui-même sculpteur.

— Vivant ?

— Comme vous et moi.

Et intelligent, et roublard, et ficelle. Ah ! le délicieux petit bougre !

Ma famille demeurait, au sixième étage, dans une maison, située carrefour de l'Observatoire. Vous voyez ça d'ici ?

— Comme si nous y étions.

— On alla recevoir le jeune pachyderme à la gare de Lyon et on l'amena chez nous... La vue de six étages parut l'étonner beaucoup. (Dans l'île de Ceylan, les maisons n'ont pas d'étages, ou, si elles en ont, ce sont des étages de si peu d'importance, que cela ne vaut pas la peine d'en parler.) Pourtant il les grimpa, ces six étages, et plus prestement qu'on n'aurait pu attendre d'un éléphant aussi fraîchement débarqué.

Rien n'est impossible à l'éléphant de bonne volonté, a dit saint Luc.

Notre logement était humble, paisible, honnête et doué d'un large balcon qui valait, à lui seul, bien des terrasses réputées et confortables. Notre nouveau petit hôte se fit, tout de suite, à la civilisation européenne... Il eut bien, au commencement, quelques menus déboires. Une fois, il s'échappa sur les toits et, jeune imprudent, voulut franchir un grillage vitré qui couvrait l'arrière-boutique d'un limonadier. Les carreaux ne surent point résister à ce poids inattendu. Le treillage imita l'exemple des vitres et notre jeune ami s'effondra dans un baquet où l'on rinçait des soucoupes, des verres, des demi-tasses, et même des tasses. Il en fut quitte pour quelques contusions et réintégra, tout penaud, son domicile. A partir de ce moment, il prit une extrême méfiance des excursions sur les toits. Surtout les jours de pluie, il était comique : le zinc du balcon, lavé par l'eau, lui renvoyait des reflets qu'il prenait, dans sa candeur, pour des images vues par transparence. Le zinc et les ardoises lui semblaient être du verre, et, pour tout l'or du monde, on n'aurait pu le décider à la moindre sortie. Pauvre mignon !

— Essuie tes yeux, major.

— Voilà... Arrive le siège... Et ses horreurs !

— Et ses horreurs !

— Et ses horreurs ! Notre éléphant devient très coûteux à nourrir. D'autre part, les voisins parlent sérieusement de le transformer en matières alimentaires de toutes sortes. A la rigueur, mes parents auraient consenti à cette immolation, mais le pauvre petit moi que j'étais se mit à pleurer comme un veau marin, à la seule idée du meurtre de mon asiatique ami.

— *Asiatic friend.*

— *Asiatic friend...* Alors, on imagine un subterfuge. Nous connaissions, tout dans le fond de Vaugirard, un fort brave homme, statuaire de beaucoup de talent, un artiste fier et digne comme pas un. Ce sculpteur occupait un immense atelier, sis dans des terrains vagues à perte de vue. Vite, on lui écrit et le voilà qui arrive.

— Il arrive, il arrive !

— Il arrive, il arrive !... Ah ! mes pauvres amis ! si vous aviez vu ce sculpteur fier et digne comme pas un ! L'ombre de lui-même ! L'ombre de son ombre ! C'était là, sans nul doute, un homme qui n'avait rien mangé depuis un mois, un énorme mois.

— C'est dans ces conditions que, réellement, le mois est haïssable.

— Haïssable, en effet, réellement haïssable ! Il était vêtu – je me souviens encore comme si j'y étais – d'un ample mac-farlane qui voltigeait au vent comme le linge, à la campagne, qu'on fait sécher dans les vergers, sur des cordes. Il avait une tête, pour écarter les soupçons, mais sûrement le corps était absent, dévoré par l'inanition... On a très bon cœur chez nous : « Voulez-vous manger quelque chose ? – Non, merci, rien du tout, je viens de manger un gigot de six livres et demie entouré d'un litre de haricots ! – Un petit verre de madère avec un biscuit ? – merci, rien du tout !... » Je vous l'ai dit, c'était une nature fière. On lui exposa ce dont il s'agissait : emmener l'éléphant et le conserver dans un coin de son atelier, là-bas, jusqu'à ce que la terre de France fût débarrassée de ses envahisseurs. Il accepta... Les adieux furent déchirants, j'abrège ! Je me mis au balcon, pour jeter un dernier coup d'œil ému à l'ami qui partait.

— Essuie tes yeux, major !

— Voilà !... Ah ! ils furent longs à descendre l'escalier. « Mais que font-ils ? » A la fin, je vis le sculpteur sortir de la porte cochère, sortir seul. Où était donc la bête ? Qu'en avait-il fait ? Je me précipitai... D'un regard d'angoisse, j'explorai l'escalier. Rien... Et je compris tout !...

— Mais parle donc !

— Poussé par la faim, l'artiste fier et digne avait mangé l'éléphant dans l'escalier.

« Il avait choisi dans l'arsenal du monde où l'on est bête trois têtes de Turc. Il y avait un économiste, Paul Leroy-Beaulieu, dont il avouait volontiers n'avoir jamais lu une seule ligne, mais auquel il prêtait les plus sots desseins. Il y avait, militaire oblige, un militaire de marque et de grade (il était général), de Poilloüe de Saint-Mars. Enfin vient Francisque Sarcey, le célèbre chroniqueur théâtral du Temps, *et qui fut – un peu – le père Ubu d'Alphonse Allais. Le Honfleurais avait pour habitude de signer régulièrement Francisque Sarcey des contes qui étaient de son cru. Il avait fait du journaliste sa chose et sa propriété... »*

(Hubert Juin)

L'aventure de Francisque Sarcey contée par lui-même

L'histoire que je vais vous narrer m'arriva lors du premier voyage que je fis en Angleterre.

Je ne sais pas, d'ailleurs, pourquoi je spécifie ce détail, car je ne suis allé en Angleterre qu'une seule fois, et il y a des chances, pour que je ne franchisse plus jamais le détroit.

A mon âge, on n'est plus très voyageur, et puis, est-ce que la France n'est pas assez grande et assez pittoresque pour contenter les aspirations les plus diverses ? (Cela dit, sans froisser le moins du monde cette puissante nation qui s'appelle l'Angleterre.)

A la suite d'aventures beaucoup trop longues et beaucoup trop compliquées pour être contées ici, je me trouvai, un jour, séparé de mes compagnons de route.

Vous jugez de mon embarras. Seul, ne possédant de la langue anglaise que d'imparfaites notions, très peu au courant des mœurs et des coutumes de ce peuple, j'éprouvai un vif embarras, et m'en remis à la Providence.

La petite ville où j'étais s'appelle Donkeytown. C'est une aimable cité, coquette et propre, comme presque toutes les petites villes d'Angleterre, peuplée de fillettes qui font des commissions en tenant par la main de tout petits bébés coiffés d'énormes chapeaux et les bras nus.

Après avoir consulté les indicateurs de chemin de fer, lesquels, par parenthèse, sont fort compliqués et exigent une habitude considérable, je me décidai à prendre le train de Manchester.

Je montai donc, à la station de Donkeytown, dans un compartiment vide où je m'installai confortablement. Comme le trajet est relativement court, je n'enlevai pas mes bottines, précaution que je prends toujours dans les voyages un peu longs.

A la station suivante, quelqu'un vint occuper une place dans mon compartiment.

Ah ! mes amis, quelle délicieuse compagne de route !

Imaginez-vous une délicieuse miss de dix-sept à dix-huit ans, jolie comme un cœur, fraîche comme seules sont les Anglaises, lorsqu'elles se mettent à être fraîches, avec des quenottes, des fossettes, je ne vous dis que ça !... et des cheveux blonds qui lui tombaient en nattes sur le dos.

Le corps était digne de la tête, et, quoi qu'en dise le jeune Maurice Donnay[1] dans ses vers sur *La Gorge* :

Quand, sur ta gorge en feu,
Ma soif d'aimer se désaltère.
Je songe, en remerciant Dieu,
Qu'ils n'en ont pas en Angleterre !

cette petite Anglaise avait un corsage digne d'une plantureuse Bourguignonne. (Êtes-vous comme moi ? J'adore les toutes jeunes filles avec la gorge un peu trop forte.)

1. Maurice Donnay (1859-1945), auteur dramatique, fut élu à l'Académie française en 1907. Il débuta au Chat Noir en interprétant « La gorge », précisément. Il préfaça en 1921 une anthologie de contes d'Alphonse Allais, intitulée *A l'œil*.

Ma foi, je ne fais aucune difficulté à vous assurer que je me sentis immédiatement la tête à l'envers. La tête et le reste.

Elle, sans s'occuper de moi, s'installa dans un coin, après avoir soigneusement posé dans le filet un coquet petit panier.

Ah ! si nous avions été sur la ligne de Maisons-Laffitte !

Mais, voilà ! nous étions sur la ligne de Manchester, ce qui est bien différent.

A un moment, ses yeux tombèrent sur moi. Elle sembla m'examiner, me toiser, me soupeser.

L'examen me fut sans doute favorable, car, à partir de cette minute, je crus m'apercevoir que la jeune fille semblait me témoigner quelque sympathie.

Cette constatation m'enhardit, et, à tout risque, je murmurai :

— Mademoiselle ne parlerait pas français, par hasard ?

— Si fait, répondit-elle aussitôt, j'ai été institutrice chez le préfet des Trois-Sèvres, l'année dernière.

— Ah ! fis-je, bêtement.

Et je laissai tomber la conversation.

Elle la ramassa immédiatement en me demandant :

— Aimez-vous les écrevisses ?

— Mais oui, mademoiselle.

— Eh bien ! alors, vous pouvez vous régaler.

Et elle me tendit son panier, qui recelait une douzaine de superbes écrevisses.

Naturellement, je fis quelques cérémonies ; mais elle m'assura qu'elle ne tenait pas du tout aux écrevisses, et que si je ne les mangeais pas sur l'heure, elle les jetterait par la fenêtre.

Qu'auriez-vous fait à ma place ? Vous auriez mangé les écrevisses, n'est-ce pas ? C'est ce que je fis.

La dernière était à peine expédiée, que la jeune fille prenant subitement un air sérieux :

— Maintenant, monsieur, dit-elle, donnez-moi six livres.

Un peu interloqué de cette brusque demande et n'en comprenant pas bien le but :

— Six livres, balbutiai-je, quels livres ?

— Oh ! des livres, vous savez bien, pas des *books*, des *pounds*, des livres *sterling*.

— Six *pounds !* Que je vous donne six *pounds !* Et pourquoi cela ?

— Pour payer les écrevisses, parbleu !

— Elles sont chères, vos écrevisses !

— Dix shillings pièce, c'est pour rien.

Après un silence, elle ajouta :

— Et puis, d'ailleurs, si vous ne voulez pas me donner ces six livres, je vous fais arrêter à la prochaine station, en disant que vous avez voulu me violer.

— Mais je dirai le contraire.

— Parfaitement, mais c'est moi qu'on croira.

Elle avait l'air d'être si sûre d'elle-même que je parlementai. Une excellente idée me vint, et voici ce que je proposai :

— Eh bien, mademoiselle, je consens à vous payer ces six livres, mais je voudrais en avoir pour mon argent.

Elle comprit et acquiesça.

— Au prochain tunnel, dit-elle simplement.

Justement le prochain tunnel était voisin.

Ah ! mes amis, vous ne pouvez pas vous faire une idée de cette petite séance.

Étaient-ce les écrevisses préalables ? Était-ce le charme de cette petite ? Était-ce cette mise en train particulière due à la marche de l'idem, car, ainsi que l'a si bien fait observer le poète Paul Marrot[1] :

1. Paul Marrot (1850-1902), journaliste et versificateur. Le distique cité est extrait d'un poème intitulé « Train de retour ».

La trépidation excitante des trains
Vous glisse des désirs dans la moelle des reins.

Qu'importe ? Ce que je puis vous affirmer, c'est que je n'ai jamais mieux employé ma pièce de six livres (150 fr. 80 au cours actuel). Ah ! non, par exemple ! je peux bien dire que je ne les regrette pas, mes 150 fr. 80, d'autant plus que ce tunnel est un des plus longs du *North Western Railway.*

Quand nous fûmes un peu remis de notre émotion (ce qui ne fut pas bien long pour la petite), je lui fis observer :

— Avouez, mademoiselle, que j'ai été bien *bonne tête* de vous donner cet argent, car enfin, si j'avais nié !... Je suis connu en France. On aurait pu prendre des renseignements sur moi...

Elle se contentait de hausser les épaules.

— Parfaitement, repris-je, impatienté, on m'aurait cru autant que vous.

— Sens donc tes doigts, mon petit Francisque, dit-elle simplement.

« Alphonse Allais est un esprit qui continue à briller dans la conversation des gens d'esprit. Les imbéciles le prennent pour un voyageur de commerce agréable... Ils ne savent pas qu'il avait dans ses valises mille bombes explosives à retardement. »

(Marcel Achard, de l'Académie française)

Aspect nouveau de la fiscalité française

Si, des fois, un lecteur s'écriait, en lisant le ci-dessus titre : « Zut pour les impôts ! c'est bien assez de les payer sans encore que dans les journaux on nous en rabatte *(sic)* les oreilles ! » ce lecteur-là, je sais bien de quel côté du Rhin il serait né.

Dans tous les cas et sans aller jusqu'à le traiter de sale cosmopolite, ce lecteur-là me ferait l'effet d'un bien piètre Français.

Pour notre patrie, jeunes gens, nous devons, comme dit Marcel Habert[1] :

Verser notre galette et notre sang, mordieu !

le tout, bien entendu, sans murmurer.

Et notre galette, ne l'oubliez pas, de préférence (pour elle) à notre sang.

Ainsi que la paix ne fut inventée qu'afin de se préparer à la guerre, de même, le temps que nous ne passons pas dans l'office du percepteur, nous devons le consacrer à l'étude des divers systèmes fiscaux susceptibles de rendre à notre budget un de ces équilibres qui nous

1. Marcel Habert (1862-1937), politicien, ancien militant boulangiste, élu député en 1893, se distingua en 1899 comme coauteur avec Paul Déroulède d'une tentative de coup d'État.

paraîtrait à tous comme un spectacle moins dangereux mais infiniment plus original que le *looping the loop* ou autre *piste de la mort.*

Dans une de nos récentes causeries, nous abordions ici l'examen des diverses manières, grâce auxquelles notre pauvre France pourrait se procurer les ressources monétaires indispensables à un glorieux État comme elle.

Nous en étions arrivés, rappelez-vous, à cette constatation que si l'État désire se procurer beaucoup d'argent, il n'a qu'à singer l'individu, le simple individu lequel fabrique, trafique et truque pour ne pas dire plus.

Le gouvernement, ajoutais-je, n'a pas, d'ailleurs, attendu mes conseils pour entrer dans cette voie, car depuis les temps les plus reculés, il est marchand de sel et, plus récemment, industriel en allumettes, tabac, cigares et autres.

Dans peu de temps, nous le verrons, ce gouvernement, distillateur et mastroquet.

Et bientôt, complétais-je nos tuyaux, croupier[I] !

Aujourd'hui, mesdames et messieurs, je le regrette beaucoup mais je vais infiniment plus loin.

. . . .

Je vais même si loin qu'à mon sincère désappointement, je me vois contraint d'arrêter là ma scintillante causerie, car pas une personne honnête, appartînt-elle à l'opinion que vous voudrez, consentirait à en poursuivre la lecture.

. . . .

I. Allusion à un projet de loi de M. Ernest Flandin, député du Calvados, demandant pour le gouvernement le contrôle avec partage des cagnottes dans les cercles, casinos et autres établissements où l'on joue. *(Note d'Alphonse Allais.)*

Néanmoins, je continue.

L'État-croupier ne suffisant pas à mes appétits, j'exige l'État-marlou !

. . . .

Oui, je sais, je viens d'imprimer un gros mot à la suite duquel notre pauvre *Sourire* va voir se désabonner en masse toutes les institutions de jeunes filles qui formaient jusque-là le plus clair de notre clientèle.

Qu'importe ! Le sentiment d'avoir accompli son devoir ne console-t-il pas de bien des ruines !

Plutôt :

Voyez le front calme dont meurent
Ceux qui tombent au champ d'honneur.

L'État-marlou !

Parfaitement !

Chaque jour, le glaive de la loi frappe indistinctement des hommes et des femmes, des messieurs et des dames, des ladies et des gentlemen.

Laissons pour un instant les barbus.

Inférieur à celui des mâles, le nombre des humaines femelles quotidiennement incarcérées pour un laps plus ou moins long n'en est pas moins considérable.

Parmi ces dernières (qui ne sont pas toujours les dernières des dernières, quoi qu'en disent nos contestables magistrats) s'en trouvent de jeunes, charmantes et qui ne sont pas de bois. Mettez-vous à la place de ces malheureuses ! qu'est-ce que vous aimeriez le mieux, coudre pendant des dix-huit heures de temps des chemises de bure à raison de onze centimes la douzaine ou bien prodiguer à de jeunes hommes (ou parfois mûrs, ou même vieux) des trésors de suprêmes caresses honnêtement rémunérées ?

Déduction faite, bien entendu, des braves petits cinquante pour cent prélevés par l'État.

Voulez-vous que je précise à un sou près ce que l'adoption d'un tel système ferait rentrer dans les caisses publiques ? Des mille et des cent !

Et peut-être même davantage, à cause du patriotisme… – on dirait le sujet d'un panneau décoratif, – à cause du patriotisme aiguillonnant la sensualité.

« [...] Personnage littéraire ? Pas seulement, car l'homme a existé, en chair et en os. Il s'appelait Albert Caperon. D'où venait-il lorsque Alphonse Allais le rencontre ? De Californie, rien de moins. [...] De cette rencontre, de cette amitié, allait naître le fabuleux personnage. Ainsi, d'après Allais, Cap aurait-il découvert une mine de charcuterie au Labrador. Il aurait également rempli la fonction de starter de l'observatoire de Québec ; c'est lui qui donnait le départ aux étoiles filantes. Cap serait également l'inventeur du phare olfactif, du procédé de remise à neuf des vieux confettis ; il prétendait aussi détenir le record du monde cycliste du millimètre...

Épaulé par les humoristes de la Butte Montmartre, Cap se présenta même aux élections législatives de 1893. Outre la suppression de la bureaucratie, son programme (de surcroît "anti-européen") prévoyait, entre autres, le nivellement de la Butte ou, cette mesure étant coûteuse, la surélévation de Paris...

Victime d'une chute de cheval, Albert Caperon est mort en 1898, à l'âge de trente-quatre ans. [...] »

(André Grall, de l'Académie
Alphonse Allais)

Le captain Cap

Celui qui voudrait rencontrer l'homme du jour, n'aurait pas à le chercher ailleurs que dans la peau du captain Cap, candidat dans la deuxième circonscription du IXe arrondissement.

Le captain Cap ! Tout le monde en parle aujourd'hui, mais combien peu le connaissent !

J'ai l'honneur d'appartenir à cette petite élite.

La première fois que j'eus le plaisir de rencontrer Cap, c'est au bar de l'hôtel Saint-Pétersbourg ; la seconde fois à l'*Irish bar* de la rue Royale ; la troisième, au *Silver-Grill* ; la quatrième, au *Scotch-Tavern* de la rue d'Astorg ; la cinquième, à l'*Australian Wine Store* de l'avenue d'Eylau.

Peut-être intervertis-je l'ordre des bars, mais, comme on dit en arithmétique, le produit n'en demeure pas moins le même.

Tout de suite, Cap me plut. Le récit de ses aventures, les petits airs exotiques qu'il se plaît à fredonner entre-temps, ses aperçus toujours neufs, sa haine de la bureaucratie et de l'Europe, tout en Cap me charma et nous fûmes vite d'excellents amis.

Il n'y a qu'à gagner à la fréquentation d'un tel homme, et les notions que j'ai acquises depuis ma liaison avec Cap tiennent presque du prodige.

Le captain Cap a énormément voyagé. Quand il dit :

— J'ai passé les trois quarts de ma vie sur mer et les deux tiers de mon existence dans les terres vierges…

Il ne faut voir dans cette assertion aucune exagération, aucun *bluffage*. A Québec, Cap remplit pendant dix-huit mois les importantes fonctions de starter à l'Observatoire. C'est lui qui donnait le départ aux étoiles filantes.

Au Labrador, Cap découvre les importantes mines de charcuterie *(meatland)* qui sont actuellement la fortune de ce pays.

J'ai donné dans plusieurs journaux, voilà tantôt un an, l'explication absolument plausible de l'existence de ces carrières nutritives. J'ai attendu des démentis ; ils ne sont pas venus.

Notre ami Cap est donc candidat à la députation. Je connais la deuxième circonscription du IXe arrondissement, et je suis tranquille.

Que Cap passe au premier tour de scrutin, je n'oserais l'affirmer ; mais le ballottage pourrait bien réserver d'amères désillusions à MM. Strauss et Berger[1].

Le programme de Cap est bien simple et se passe d'explications : Cap est anti-européen et anti-bureaucrate.

En dehors de ses deux grandes lignes, toutes les revendications des électeurs sont les revendications de Cap.

Dans la dernière réunion électorale, qui s'est tenue à l'*Auberge du Clou*, quelqu'un a demandé le nivellement de la Butte Montmartre ; Cap s'est engagé à faire niveler la Butte Montmartre.

Cap s'est également engagé à prolonger toutes les rues du IXe arrondissement et à les faire aboutir aux grands boulevards.

Un artiste dramatique interrogeant le captain sur la question du *blanc gras*, dont le prix, paraît-il, est fort élevé, Cap s'est engagé à détaxer le *blanc gras* venant d'Allemagne et à créer en France une fabrique nationale de *blanc gras* sur le modèle de Sèvres et des Gobelins.

Cette question du *blanc gras* n'était pas pour laisser le captain Cap indifférent, car il s'est beaucoup occupé, lui-même, de théâtre.

Dernièrement, il a créé un rôle important dans une pièce que donnait la Société *le Gardenia*, et le père Sarcey n'hésita pas à lui consacrer un article fort élogieux en première page du *Chat Noir*.

Maintenant, la parole est au suffrage universel. Nous saurons, dimanche soir, si Ledru-Rollin eut raison de lutter si âprement pour cette institution.

Dans la proclamation de Cap, on trouve cette phrase qu'on devrait méditer :

---

1. P. Strauss, conseiller municipal de Paris, fut candidat malheureux (avec Cap) aux élections législatives de 1893, dans le IXe arrondissement. G. Berger, adversaire heureux du captain Cap lors de la même consultation, fut élu député avec 4 430 voix.

Loin d'être l'apanage de certains, l'assiette au beurre doit devenir le domaine de tous.

L'homme qui a dit cette parole a sa place marquée au Palais-Bourbon.

Électeurs, aux urnes, et pas d'abstentions !

Votez pour le captain Cap !

Hip ! Hip ! Hip ! Hurrah !

« Entre deux de ces explosions par lesquelles les nations expriment les intentions pacifiques de leurs dirigeants, il convient de saluer les trois grands précurseurs de la civilisation que nous avons le privilège de connaître : Colomb, père de ce Savant Cosinus *dont la pensée inspire la science contemporaine ; Alfred Jarry dont l'*Ubu Roi *a génialement tracé la voie que suivent nos grands politiques, et enfin l'auteur d'*Amours, Délices et Orgues, *Alphonse Allais à qui nous rendons aujourd'hui un hommage qui semble bien modeste au regard de celui que lui décerne involontairement, chaque jour, une époque où les propositions les moins sérieuses de son humour ne diffèrent qu'en apparence des plus absurdes réalités. »*

(René Clair, de l'Académie française)

Proposition d'un malin Polonais

M. Maurice Curnonsky[I], un jeune fantaisiste qui commence à se faire une place au soleil de la Littérature Souriante et qui publie de très vraiment réussies chroniques dans *Le Chat Noir* (un journal dont je fus le directeur, au temps où ma situation dans le monde m'autorisait encore à tremper dans la confection des petits canards ; comme c'est loin, tout ça !), m'adresse une lettre dont l'intégrale publication me paraît imposée par la plus élémentaire humanité.

Seulement, voulez-vous faire un pari avec moi ?

Je gage que l'idée – si simple, pourtant, et si pratique du jeune Curnonsky – sera en pleine application chez les Anglais et les

I. Maurice Curnonsky (Maurice Edmond Sailland, 1872-1956), romancier et humoriste, est aussi l'auteur réputé d'ouvrages gastronomiques.

Américains, cependant que nous autres, fourneaux de Français, en serons encore à ricaner bêtement.

Parlez, mon petit Maurice, et soyez poli :

« Mon cher Maître,

» Tous ceux qui portent des chemises, et s'honorent d'être vos humbles admirateurs, s'accordent à reconnaître qu'un de vos plus grands titres de gloire aux yeux d'une postérité enthousiaste sera d'avoir continué la tradition de ces immortels génies auxquels rien d'humain ne reste étranger.

» Comme celle de Victor Hugo, votre âme,

Mise au centre de tout comme un écho sonore,

a vibré au diapason de tous les sentiments généreux, et Pascal eût salué en vous un de *ceux qui cherchent en gémissant.*

» Je suis donc sûr que vous serez heureux et fier de me prêter le concours de votre immense tribune pour révéler à la France la solution d'un des grands problèmes qui intéressent l'humanité : je veux parler de *la suppression des tempêtes.*

» Quelque temps après Renan, vous êtes né *au bord d'une mer sombre, hérissée de rochers, toujours battue par les orages,* et vous avez pu constater la fâcheuse influence des tempêtes sur la mortalité des navigateurs. Vous savez combien de marins, combien de capitaines, qui sont partis joyeux pour des courses lointaines, dans le morne horizon se sont évanouis, et vous n'hésiteriez pas à offrir une absinthe-grenadine au monsieur qui viendrait vous dire : "J'ai trouvé le moyen d'en faire une bien bonne à tous les océans, en les forçant à se tenir tranquilles."

» Eh bien ! mon cher Maître, vous pouvez sans crainte commander un cocktail pour le Captain Cap et une absinthe-grenadine pour moi : car j'ai trouvé le moyen de supprimer les tempêtes ou plutôt, comme on dit dans le grand monde, je suis tout simplement :

Celui qui met un frein à la fureur des flots.

» L'idée de ce frein, aussi pratique qu'imprévu, m'est venue l'autre jour en écoutant notre illustre ami le docteur Pelet[1] discuter, avec son habituelle autorité, la question de l'apaisement des tempêtes par le *filage de l'huile.* Le savant praticien, qu'aucun Boucher n'attendait ce jour-là, expliquait à deux jeunes demi-vierges qu'il suffit de répandre quelques litres d'huile sur la mer, autour d'un bâtiment en détresse, pour voir les plus fortes lames se changer en petites vagues inoffensives qui enveloppent de caresses très douces les flancs du navire naguère désemparé...

» L'idée avait germé en moi, et j'en vins à me demander s'il ne serait pas possible, non seulement d'*apaiser* les tempêtes, mais de les *prévenir* en répandant dans tous les océans assez d'huile pour recouvrir la surface des flots de la très mince couche oléagineuse qui suffit à les rendre inoffensifs... Et, après trois jours de réflexions, je viens vous poser cette question, dont il me semble, comme dirait M. Brunetière[2], que la poser c'est la résoudre.

» Puisqu'il est reconnu et prouvé par l'expérience que les tempêtes, ces coliques de la mer, ne résistent pas à l'application du plus mince cataplasme à base d'huile, pourquoi ne pas les traiter *par la méthode préventive,* et assurer pour jamais le calme aux océans, grâce à

1. David Louis Pelet, officier de l'Instruction publique, docteur en droit, sous-entendu « médecin » par Allais, était un fidèle habitué du Chat Noir et collaborateur occasionnel du journal de même titre.
2. Ferdinand Brunetière (1849-1906), professeur à l'École normale et critique littéraire, directeur de la *Revue des Deux Mondes* (1893), entretenait des liens d'amitié avec plusieurs animateurs du Chat Noir.

une très simple application de la pisciculture... *en les peuplant de sardines à l'huile ???*

» Je vous laisse, mon cher Maître, le soin de développer cette idée géniale, mais féconde, et, certain que vous serez touché par le ton (mariné) de ma requête, je vous prie de me croire

» *Increvablement,*

» Votre fidèle MAURICE CURNONSKY. »

Pourquoi, mon cher Curnonsky, développerais-je votre idée, puisque vous vous en êtes si magistralement chargé ?

Et puis, l'heure est l'heure. Il est moins le quart, et j'avais promis d'être rue Lauriston à la demie.

« Il créait à chaque instant. »

(Jules Renard)

Sauvegarde des bicyclettes

De même que, sous la blouse d'un humble campagnard ou d'un modeste artisan, peuvent se percevoir les battements d'un cœur d'homme, de même aussi, sous la casquette élimée d'un simple contremaître, peut-on constater le grouillement sourd d'un cerveau de génie.

Si ces messieurs et dames veulent bien m'accorder une petite minute d'attention, on s'apercevra que mes paroles ne sont nullement mensongères, ni même exagératoires.

... Un des gros ennuis de la bicyclette réside en l'étrange facilité de son larcin.

Le cycle, en effet, a ceci de particulier qu'il sert à favoriser la fuite rapide de qui vient de le dérober, ce qui n'arrive point dans mille autre cas, comme, par exemple, le vol d'un sac de farine ou d'un lot d'escargots.

Frappés de cet inconvénient, les bécaniciens les plus en vogue cherchent depuis longtemps le moyen d'en pallier les funestes effets.

Ayons le courage de reconnaître que rien de sérieux ne fut encore accompli dans cette voie.

Il fallut qu'arrivât le simple contremaître à qui j'ai fait allusion un peu plus haut.

Le temps de se frapper le front, cet homme avait résolu la question, grâce à son petit appareil qu'il a baptisé le *Pique-Cul*.

... Pourquoi, mesdames, cacher vos pudiques roseurs derrière vos éventails ?

Et en quoi le mot de *Pique-Cul* vous effarouche-t-il tant ?

Si élevées aux Oiseaux que vous puissiez avoir été, n'avez-vous donc jamais prononcé les mots *gratte-cul, cul-blanc, cul-de-sac* etc., etc. ?

Eh bien ! alors ?

. . . .

Je continue :

Sans entrer dans des détails de construction trop techniques, qu'il vous suffise de savoir que le nouvel appareil se compose d'une forte aiguille longue d'environ cinq centimètres et dissimulée sous la selle de telle façon qu'elle peut prendre, grâce à un ressort, la position verticale ou horizontale.

Une légère ouverture circulaire, pratiquée dans le pégamoïd de la selle, permet le passage à la pointe.

L'engin est complété par une bobine d'induction, dont un pôle correspond au guidon et l'autre à l'aiguille.

Et voilà !

Dès que vous êtes contraint d'abandonner votre machine, vous faites prendre à votre aiguille la position verticale, et vous vaquez tranquillement à vos occupations ou à vos besoins (cela ne regarde que vous).

Survient le voleur qui, d'un bond, saute sur votre machine avec l'agilité du sapajou lancé d'une main sûre.

Sous son poids, la selle fléchit et l'aiguille pénètre dans les parties les plus charnues de l'indélicat personnage.

Un courant électrique s'établit à travers son corps...

Ah ! le pauvre, il ne va guère loin, car une pelle prochaine a bientôt fait de le livrer à la justice de son pays !

Alors, vous, après avoir remis en état inoffensif votre cruel petit instrument, vous continuez votre route par les campagnes embaumées.

Est-ce pas simple à la fois et charmant ?

Présentez-vous de ma part chez notre vieux Comiot, représentant du *Pique-Cul* pour toute la France.

Amenez, sans le prévenir, un de vos amis auquel vous ferez jouer le rôle de voleur, et vous vous amuserez bien.

« Humoriste il l'était, mais derrière son humour se dissimulait un don d'observation extrêmement aigu et au-dessus de son humour, il y avait sa langue : Alphonse Allais était un grand écrivain. »

(Sacha Guitry)

Ironie

C'est dans un estaminet du plus pur style Louis-Philippe.

Il est difficile de rêver un endroit plus démodé et plus lugubre.

Les tables, d'un marbre jauni, s'allongent, désertes de consommateurs.

Dans le fond, un vieux billard à blouses prend des airs de catafalque moisi, et les trois billes (même la rouge), du même jaune que les tables, ont des gaîtés d'ossements oubliés.

Dans un coin, un petit groupe de clients, qui semblent *de l'époque,* font une interminable partie de dominos ; leurs dés et leurs doigts ont des cliquetis de squelettes. Par instants, les vieux parlent, et toutes leurs phrases commencent par : *« De notre temps... »*

Au comptoir, derrière des vespétros surannés et des *parfait-amour* hors d'âge, se dresse la patronne, triste et sèche, avec de longs repentirs du même jaune pâle que les tables et les billes de son billard.

Le garçon, un vieux déplumé, qui prend avec la patronne des airs familiers (il doit être depuis longtemps dans la maison), rôde comme une âme en peine autour des tables vides.

Alors entrent trois jeunes gens évidemment égarés.

Ils sont reçus avec des airs hostiles de la part des dominotiers et du garçon. Seule la dame de comptoir arbore un vague sourire, peut-être rétrospectif.

Elle se rappelle que, dans le temps, c'était bon les jeunes gens.

Les nouveaux venus, un peu interloqués d'abord par le froid ambiant, s'installent. Soudain l'un d'eux s'avance vers le comptoir.

— Madame, dit-il avec la plus exquise urbanité, il peut se faire que nous mourions de rire dans votre établissement. Si pareille aventure arrivait, vous voudriez bien faire remettre nos cadavres à nos familles respectives. Voici notre adresse.

« Allais (Alphonse) celui qui ira. »

(Alfred Jarry,
Almanach du Père Ubu pour 1899)

L'aventure de l'homme-orchestre

— Voulez-vous prendre un verre avec moi, mon brave ?

— Très volontiers ! fit l'homme.

Et l'homme s'assit à ma table, en face de ce merveilleux panorama du golfe, devant l'escadre mollement balancée sur ses ancres.

C'était bien le moins que je régalasse cet homme, qui venait de me régaler moi tout seul, lui tout seul, d'un splendide concert à plusieurs instruments.

Je dis *moi tout seul*, parce que j'étais à ce moment l'unique client de la terrasse du café (ma jeune compagne terminait sa toilette).

Je dis *lui tout seul*, parce qu'il était un homme-orchestre.

Pour qu'il bût plus à son aise, je l'invitai à se débarrasser tout au moins de sa vielle et de sa flûte de Pan.

Il accepta, eut un léger sourire et dit :

— Vous n'êtes pas comme la comtesse russe, vous !

— Comme la comtesse russe ?... Quelle comtesse russe ?

— Oh ! rien... Une histoire qui m'est arrivée la semaine dernière.

— Contez-moi cela.

— Il était midi. J'avais grand-hâte d'arriver à Menton, car je commençais à crever de faim et de soif. Tout à coup, je m'entends appeler : « Hé ! monsieur le musicien, monsieur le musicien ! » Je me retourne et j'aperçois une jolie petite bonne tout essoufflée d'avoir tant couru : « Madame la comtesse, dit-elle, voudrait que vous veniez lui jouer quelque chose dans le jardin. »

Les bras étendus vers moi, elle crie : « Viens ! »

Dessin original d'Henry Blanc, Ami d'Alphonse Allais.

Les affaires, ma foi, ne sont pas si brillantes cette année : je ne crus pas devoir refuser une commande probablement avantageuse et je suivis la petite bonne.

La comtesse, c'est une bonne femme qui n'est pas très vieille, très vieille, mais qui n'est pas non plus très jeune, très jeune. Et puis, elle n'est pas très laide, mais elle n'est pas non plus très belle. Elle n'a qu'une chose pour elle : des yeux gris épatants ! Et surtout une façon de s'en servir ! Avec elle on est fixé tout de suite.

Tout mon répertoire y passa, depuis le *Trovatore* jusqu'à *Tararaboum de ay !* Et à chaque morceau, une pièce de cent sous qu'elle me faisait remettre par la petite bonne.

Quand j'eus égrené toute ma provision :

— Peut-être, dit la comtesse, voudriez-vous vous rafraîchir ?

— Ça ne serait pas de refus, noble dame ! Un verre d'absinthe, par exemple.

— Précisément, j'en ai d'exquise. Carlotta, apporte la bouteille d'absinthe Cusenier !

Comme je me disposais à me mettre un peu à mon aise en me débarrassant de mon chapeau chinois, la comtesse prit un air désolé :

— Oh ! je vous en prie, mon ami, restez comme ça.

Je restai comme ça.

L'absinthe bue, la comtesse devint encore plus aimable :

— Voulez-vous me faire l'amitié de déjeuner avec moi, mon ami ?

Vous auriez accepté, n'est-ce pas ? Moi aussi.

Le déjeuner eût été tout à fait charmant, si cette diablesse de femme n'avait pas eu l'idée de me faire manger avec tout mon attirail sur le corps.

— Vous êtes bien plus joli comme ça ! Restez comme ça !

Après déjeuner :

— Venez vous laver les mains dans mon cabinet de toilette.

Nous montons, et, en moins d'une minute, voilà ma comtesse passée dans un peignoir des plus *suggestifs*.

Les bras étendus vers moi, elle crie :

— Viens !

Pour le coup, je me crois autorisé à enlever mes instruments de musique. C'était vraiment l'occasion, avouez-le !

Mais elle, se tordant comme une panthère :

— Non !... Tu es beau comme ça !... Je t'aime comme ça !... Viens comme ça !...

....

Le récit de mon homme-orchestre m'avait charmé. Un joli cas de comtesse russe ! pensai-je.

Et comme il n'achevait pas :

— Alors, vous êtes... *venu* comme ça !

— Dame ! il a bien fallu ! Mais voyez-vous comme c'est commode d'être galant envers une dame avec un chapeau chinois sur la tête, une grosse caisse sur le dos, une vielle sur le ventre, une flûte de Pan sur la bouche, etc. !

— Ça s'est bien passé tout de même ?

— Avec des natures comme cette comtesse-là, ça se passe toujours bien !

« J'ai l'honneur de vous informer que j'ai entrepris la rédaction de la biographie d'un citoyen méconnu de Honfleur. Il s'agit d'Ernest Zidon. Il semble que son art de l'à-peu-près ait frappé l'Académie française elle-même, puisqu'elle a refusé de couronner son livre le plus important : Le Cas Lembour. *Parmi les œuvres de Zidon figure une étude sur les couleurs dans laquelle il définit admirablement le bourbon parme. Époux d'une tissandière (et d'aujourd'hui d'ailleurs), il a décelé l'origine de ce tissu de table né dans l'île d'Oléon et qu'il a baptisé la nappe Oélon.*

Un mystère plane sur la naissance d'Ernest Zidon. Déclaré à l'état civil comme fils de père inconnu et de Zizi Zidon, dite Zizi-Peau d'balle, danseuse au Moulin bleu, Ernest Zidon put, à l'âge de vingt et un ans – majorité légale –, ajouter à son nom celui d'un certain Allais. Sur l'identité de cet Allais, on se perd en conjectures. Un rapport de police le désigne comme chroniqueur humoriste, ce qui est bien vague. On trouve trace de déjeuners hebdomadaires place Vendôme chez un certain Guitry Lucien en compagnie de Capus Alfred et de Bernard Tristan, mais, faute d'en connaître davantage sur ces individus, cela ne nous avance guère. Saluons cependant la naissance d'une dynastie nouvelle : les Allais-Zidon, alliée à une riche famille argentine, les Louya. D'où les Allais-Louya-Zidon.

Que votre honorable académie le sache bien : mes recherches continuent. »

(Alain Decaux, de l'Académie Alphonse
Allais et, à ses moments perdus,
de l'Académie française)

Un miracle indiscutable

Le tapis de l'actualité est encore encombré de la question toujours palpitante des pèlerinages et des miracles.

N'en déplaise à messieurs les libres penseurs, le flambeau de la foi, rebelle à l'ouragan du doute, brûle encore au sein de notre vieille France, la France des Croisades, la France de saint Louis, cette vieille

France, enfin, qui comptait plus de bénitiers que de cuvettes, au dire de la statistique (ô l'âme blanche du Moyen Age, tant regrettée de Huysmans ! l'âme blanche et les pieds noirs !)

Ricanez, esprits forts ! Ricanez, lecteurs de Zola ! Vous ne ricanerez peut-être pas d'aussi bon cœur en goûtant personnellement les hautes températures du très achalandé *Lucifer's grill-room.*

Élevé par une vieille tante extrêmement pieuse, j'ai toujours fait de la religion le pivot de ma vie. Toujours, je partageai mon temps entre la prière et l'étude, loin des cabarets et des maisons pires peut-être.

Mon corps se trouva bien de ce régime, mais c'est surtout mon âme qu'il faudrait voir. Une âme rose tendre tirant sur le bleu clair !

Aussi, vous pensez bien qu'avec une âme de ce ton-là, je n'aime pas beaucoup qu'on blague les miracles devant moi.

Et M. Zola, tout Zola qu'il puisse être, entrerait dans cette chambre à cette heure, que je n'hésiterais pas à lui flanquer ma main sur la figure.

La semaine dernière, pas plus tard, je fus, moi qui vous parle, témoin d'un miracle, d'un miracle qui fera sourire messieurs les incrédules ; mais qu'importe !

Une dame d'un certain âge, revenant d'un pèlerinage à Lourdes, se trouvait dans un hôtel où j'étais moi-même descendu.

Cette dame occupait une chambre contiguë à la mienne.

Un matin, elle frappa à ma porte.

— Vous n'auriez pas, dit-elle, un peu d'esprit-de-vin à me prêter ?

— Je le regrette bien vivement, répondis-je, mais je ne possède point la moindre fiole de ce liquide.

— Ah ! c'est bien fâcheux, reprit la dame ; j'ai égaré le mien, et j'en ai le plus pressant besoin pour la petite lampe où je chauffe mon fer à friser.

— Demandez-en à la bonne de l'hôtel.

— La bonne n'en a pas, et le plus proche épicier du pays est à plus de deux kilomètres.

— C'est bien ennuyeux !

Après s'être excusée, la dame rentra chez elle et bientôt je l'entendis pousser un grand cri.

— Venez ! clamait-elle. Venez voir !

J'entrai dans sa chambre et j'aperçus ma voisine dans une pose extatique, qui contemplait le flamboiement de sa petite lampe à alcool.

— Vous avez retrouvé votre esprit-de-vin ? fis-je.

— Non ! s'écria-t-elle. J'ai rempli ma lampe avec de l'eau de Lourdes, j'ai invoqué Notre-Dame et mon eau s'est enflammée.

— Spontanément !

— Non, avec une allumette.

— Ça n'en est pas moins fort édifiant.

. . . .

Tel est le fait dans toute sa simplicité.

Osera-t-on nier, désormais, l'influence surnaturelle de notre bonne Dame de Lourdes ?

Et M. Zola viendra-t-il encore parler de suggestion, d'hystérie et de mille autres sornettes ?

Post-Scriptum. – Au moment de mettre à la poste le récit de ce miracle, j'apprends un léger détail qui va peut-être en diminuer la portée.

Le liquide dont la brave dame s'est servie pour mettre dans sa lampe à esprit-de-vin était réellement de l'esprit-de-vin.

Cette personne a retrouvé, depuis, sa vraie bouteille d'eau de Lourdes dans le fond de sa malle.

Le fait n'en demeure pas moins des plus curieux.

« Pour le comique loufoque, il ne craint à peu près personne. »

(Alexandre Vialatte)

Les modes de cet hiver

L'heure avancée, le courrier qui piaffe dans la cour, l'apéritif qui m'attend pantelant dans sa coupe, tout se conjure pour que j'emprunte à la plume d'autrui ma tâche de ce jour.

Je ne sais pas si mon jeune et vaillant ami Narcisse Lebeau[1] destinait à la publicité l'amicale épistole que je reçus, de lui, ce matin. Je n'ai de son intention qu'un souci relatif.

Et puis, d'ailleurs, je n'ai de comptes à rendre à personne.

Quelques fragments de ladite correspondance :

. . . .

« Voici que, tel notre vieil ami Deibler[2], les jours raccourcissent, mon cher Allais, et je comprends le désir qui te hante, au moment où tu vas rentrer à Paris, de savoir quelles sont les nouvelles modes, les récentes créations de nos grands couturiers, en un mot, ce qu'on devra porter cet hiver, sous peine de passer pour l'avant-dernier des conducteurs de bestiaux.

Côté des hommes : nulle transformation palpitante, sauf en ce qui concerne le chapeau haut de forme, lequel, désormais, sera à

---

1. Narcisse Lebeau (Vital Hocquet, dit) fut secrétaire de direction au *Chat Noir* puis au *Sourire* ; « le meilleur de mes élèves… », disait de lui Allais à Tristan Bernard.

2. Louis Deibler, exécuteur en chef à l'époque de la parution du conte, trancha les têtes des plus célèbres anarchistes : Ravachol, Vaillant, Henry, etc. Son fils, Anatole, lui succéda en janvier 1899.

claire-voie, pour permettre à nos élégants d'en faire une volière où prendront leurs ébats des oiseaux multicolores.

Côté des dames, autre barcarolle : sache qu'à partir de l'année prochaine les jeunes filles ne se marieront plus en blanc. Cette couleur était trop salissante. En effet, une jeune mariée s'était à peine roulée dans le charbon de terre que sa robe n'était plus mettable : d'où dépense incompatible avec la plupart des budgets parisiens.

On adoptera, pour les hyménées, le costume mi-partie vert et rouge, plus économique et d'un effet autrement gai !

Le marquis de Lachaize-Persay qui, jeudi, mariera ses deux filles à Saint-Augustin, a l'intention de leur faire porter le costume de son écurie : casaque bleue, manches et toque cerise. On ne sait encore laquelle des deux, Yseult ou Radegonde, aura l'écharpe dans cette épreuve bien parisienne.

— On a soupé aussi, me disait, l'autre soir, le prince X..., des coiffures de mariées dont la fleur d'oranger fait tous les frais... La fleur d'oranger ! A quoi rime, par le temps qui court, ce prétentieux symbole ?

Et le prince ajoutait :

— Remplacez donc cet emblème usé par une bonne garniture de légumes frais, de légumes de pot-au-feu, de préférence.

Et l'idée a si bien fait son chemin que, déjà, plusieurs de nos grandes modistes viennent d'adjoindre à leur magasin une petite fruiterie.

Ces détails paraîtraient peut-être frivoles à tes lecteurs, mon cher Allais ; n'oublie pas de dire à ceux de tes correspondants qui s'étonneraient de notre sollicitude pour les choses de la mode que toi et moi sommes dans la vie les derniers refuges du dandysme, et qu'il n'est pas de jour que Dieu fasse – on avouera que le bougre en fait quelques-uns – où nous ne mettions en pratique cette assertion de Baudelaire : *Le véritable dandy doit vivre et mourir devant sa glace* (au moins pour ce qui concerne la première partie de cette phrase remarquable).

Permets-moi de terminer par une anecdote qui te montrera que, pendant ton absence, nous n'avons pas cessé d'être le peuple le plus poli et le plus spirituel de la terre.

Pas plus tard qu'hier soir, dans l'omnibus Gare Saint-Lazare-Place Saint-Michel, un jeune homme chauve qui gelait sur la plate-forme est allé offrir sa place à une vieille dame, logée au fond du véhicule.

... A bientôt, mon cher Allais ; je profite de ce que tu es à Honfleur pour te prier de me rapporter un gros coquillage avec cette inscription : *Souvenir de Biarritz.*

Ton vieux franco-russe, »

NARCISSE LEBEAU.

Sois tranquille, mon vieux Lebeau, tu auras ta conque.

Te souviens-tu, l'année dernière, quand je suis revenu de Belgique et que je t'ai rapporté un bouchon sur lequel j'avais fait graver ces mots : SOUVENIR DE LIÈGE ?

On était jeune, alors.

« Rimes visuelles... "Rimes riches à l'œil", selon une formule poétique d'Allais. Une façon de faire rimer des mots de sonorités éloignées. Notre cher et pertinent conteur assurait que ces rimes avaient pour auteurs, dans la plupart des cas, des poètes sourds et muets de naissance incapables d'apprécier la subtile musique d'un vers.

La rime est affaire d'oreille, c'est vrai. Reste que la vue mérite d'être flattée aussi parfois. Charitable – quoique humoriste –, Allais publia donc dans Le Sourire *l'œuvre que l'on peut lire ci-dessous ; elle devrait combler d'aise, outre ceux que la nature a privés de deux sens, l'ensemble des Allaisiens. Peut-être regretteront-ils, tous, que ces "rimes riches à l'œil" n'aient plus tenté grand monde depuis un siècle. La clientèle des sourds-muets n'intéresserait-elle point les poètes ? Il est vrai qu'ils ont de moins en moins recours à la rime chère aux Classiques et aux Parnassiens. On peut s'en consoler, toutefois, avec Allais :* Tout vrai poète tient/A friser le quotient/De ceux qui balbutient. *Une frisette qui transforme Pégase en émule de Dada. Avec vingt ans d'avance... Allais toujours plein d'allant ! »*

(Michel Laclos,
de l'Académie Alphonse Allais)

Rimes riches à l'œil
OU
QUESTION D'OREILLE

Un des plus graves inconvénients que comporte l'état de sourd-muet, c'est de ne pouvoir rien entendre, car, pour parler, on arrive à les faire parler.

Et cet inconvénient est d'autant plus sérieux qu'il entraîne, pour celui qui en est atteint, l'impossibilité de faire son chemin dans certaines carrières vers lesquelles une irrésistible vocation parfois pousse le pauvre garçon comme, par exemple, chef de fanfare ou concierge.

Les sourds-muets qui se sentent un tempérament artistique peuvent se jeter dans la peinture, la sculpture, la gravure, la ciselure.

— Et la poésie, m'interrompez-vous.

— Hélas non ! vous répondrai-je non sans tristesse, pas la poésie.

— Pourquoi donc ? insistez-vous curieusement.

— Parce que, veuillé-je bien vous expliquer, bien que rien ne m'y contraigne, parce que, dans l'art de la Poésie, la Rime joue un très grand rôle, et que la Rime est une question d'oreille.

— C'est vrai, convenez-vous franchement, je n'y avais point songé.

Je peux parler d'autant mieux de ce sujet que l'un de mes amis sourd-muet de naissance (et très probablement, aussi, de mort) a la rage de confectionner des poèmes.

Je lui ai toujours caché l'affreuse vérité, mais à vous j'aime mieux vous la dire parce que vous allez immanquablement vous en apercevoir (à moins d'être fort pris de boisson), ses vers ne riment pas.

Et pourtant, il s'applique de toute son âme, le pauvre garçon !

La consonne d'appui lui est devenue familière et, sans le moindre effort, il vous aligne des sonnets entiers dont je ne vous dis que ça !

Le seul malheur, encore une fois, c'est que ça ne rime pas.

Voyez plutôt par vous-mêmes :

L'homme insulté qui se retient
Est, à coup sûr, doux et patient.
Par contre, l'homme à l'humeur aigre
Gifle celui qui le dénigre.
Moi, je n'agis qu'à bon escient ;
Mais, gare aux fâcheux qui me scient !
Qu'ils soient de Château-l'Abbaye
Ou nés à Saint-Germain-en-Laye,
Je les rejoins d'où qu'ils émanent,
Car mon courroux est permanent.
Ces gens qui se croient des Shakespeares !

Ou rois des îles Baléares !
Qui, tels des condors, se soulèvent !
Mieux vaut le moindre engoulevent !
Par le diable, sans être un aigle,
Je vois clair et ne suis pas bigle.
Fi des idiots qui balbutient !
Gloire au savant qui m'entretient !

Et c'est très malheureux que ça ne rime pas, car le fond en est excellent et décèle un vrai poète.

A propos, pendant que j'y pense, pourquoi y a-t-il des parloirs dans les maisons de sourds-muets ?

Le gaspillage, toujours le gaspillage !

« [...] On raconte du petit Alphonse, gamin très sensible, qu'il se promettait, quand il serait grand, "de chercher un truc pour qu'il n'y ait personne de malheureux". Le "truc", peut-être l'a-t-il trouvé, c'est le conte drolatique, et cette façon d'utiliser l'humour, sinon pour empêcher le malheur, du moins pour en atténuer le poids. Allais est un généreux, il y a toujours place pour le garçonnet sensible dans l'enveloppe un peu lourde, un peu épaisse, de gentleman viking à moustaches de buveur de bière, qui servit d'apparence anthume à Alphonse Allais. C'est à cette présence que Breton réagit quand il dénote dans les contes une "substance, claire et presque toujours printanière". »

(Jean-Louis Bory)

Le petit garçon et l'anguille

Les imaginations exorbitantes des mélodramaturges les plus en délire, de même que les irrésistibles cocasseries de nos meilleurs vaudevillistes, tout cela n'est rien auprès de l'imprévu, de l'inouï que la vie, la vie toute nue, nous apporte quelquefois dans les plis de son fruste tablier.

Comme le dit fort bien M. Francisque Sarcey, chaque fois qu'il lui arrive un événement tant soit peu étrange : *On mettrait ça dans les journaux, que personne ne le croirait.*

... Ce petit préambule est placé là pour préparer mon honorable clientèle au récit d'un fait que beaucoup de nos lecteurs et lectrices accueilleront avec un sourire d'incrédulité coupé de quelque haussement d'épaules (une interjection désobligeante, peut-être même, brochant sur le tout).

Je ne saurais en vouloir à ces sceptiques, vu le bizarre des circonstances, et j'avoue que moi-même, si je ne connaissais les gens à qui advint l'histoire, je me refuserais franchement à y apporter la moindre foi.

Vendredi dernier, vers dix heures et quart du matin (je tiens à préciser), la femme de mon jardinier dit à son petit garçon :

— Tiens, Julien, voilà cinq francs, tu vas aller à la poissonnerie me chercher une anguille... Il paraît qu'il y en a de superbes, aujourd'hui, à ce que vient de me dire la veuve Pointu... Une anguille dans les vingt sous, et tâche de ne pas te faire voler !

Fort intelligent, Julien, dès son plus tendre âge, fut habitué par sa mère à faire les mille petites commissions du modeste ménage.

Ajoutons que l'enfant s'en tirait à merveille, dirait Coppée dans un vers immortel.

Voilà donc mon bambin parti dans la direction de la poissonnerie, tout fier de la confiance qu'on lui témoigne, car c'est la première fois qu'il a mission d'acquérir une anguille.

Chemin faisant, il s'amuse avec sa pièce de cinq francs, la faisant sauteler dans sa main, la jetant en l'air et la rattrapant, non sans une certaine prestesse.

Malheureusement, à un moment, il manqua son coup : la pièce, après avoir roulé sur le quai, s'en vint choir dans l'eau du bassin dit du Nord, par sept ou huit mètres de fond.

Voyez-vous d'ici la détresse du pauvre petit bougre ?

Comble de malheur : comme il se penchait hébété, sur le parapet, contemplant l'endroit fatal de la disparition de son argent, un coup de vent lui enlève son béret !

Crac, voilà sa coiffure à l'eau !

Sauter dans un canot et godiller vers le béret fut, pour l'enfant, l'affaire d'une minute.

Il était temps : complètement humecté, l'objet était sur le point de sombrer à jamais.

Quelle ne fut point la stupeur de notre jeune ami en constatant qu'au fond du béret grouillait une anguille, une magnifique anguille qui pouvait bien peser – je n'exagère pas – dans les une livre et demie, une livre trois quarts.

Cette pêche aussi miraculeuse qu'inattendue consola légèrement Julien de sa mésaventure.

Mais voici où la chose se corse.

En écorchant l'anguille, en lui ouvrant l'estomac, que pensez-vous que trouva la femme de mon jardinier ?

Une pièce de cinq francs ?

Non.

L'anguille, un poisson plutôt en longueur, n'est nullement outillée pour avaler de gros écus : ni son orifice buccal, ni son estomac, ne se prêteraient à pareille prouesse.

Ce que la femme du jardinier rencontra dans l'intérieur de l'anguille, c'est, ou plutôt, ce sont huit pièces de cinquante centimes, soit un total de quatre francs, représentant exactement ce que la brave femme comptait voir revenir sur sa pièce de cent sous.

Comme coïncidence (car il ne faut voir dans tout cela qu'une simple coïncidence), avouez que c'est assez coquet !

Et cette aventure ne vous rappelle-t-elle pas certaines légendes génoises et vénitiennes où des jeunes filles (à Venise, c'était souvent la demoiselle du doge qui se livrait à ce sport, par esprit d'imitation sans doute) où des jeunes filles, dis-je, après avoir jeté leur anneau dans la mer, le retrouvaient dans le ventre des poissons qu'on leur servait à table ?

A Florence, pareils faits ne se produisirent point, sans doute à cause de la distance qui sépare cette magnifique cité de la mer.

> *«… Il a traqué, sous leurs mille formes, la bêtise et l'égoïsme petit-bourgeois qui culminèrent de son temps. Non seulement, il ne laisse passer aucune occasion de frapper de dérision le lamentable idéal patriotique et religieux exaspéré chez ses concitoyens par la défaite de 1871, mais il excelle à mettre en difficultés l'individu satisfait, ébloui de truismes et sûr de lui qu'il côtoie chaque jour dans la rue. »*
>
> (André Breton, *Anthologie de l'humour noir*)

Simple malentendu

Angéline (vous ai-je dit qu'elle se nommait Angéline ?) rappelait d'une façon frappante la *Vierge à la chaise* de Raphaël, moins la chaise, mais avec quelque chose de plus réservé dans la physionomie.

Grande, blonde, distinguée, Angéline ne descendait pourtant pas d'une famille cataloguée au Gotha, ni même au Bottin.

Son père, un bien brave Badois, ma foi ! balayait municipalement les rues de la ville de Paris *(Fluctuat nec mergitur)*. Sa mère, une rougeaude et courtaude Auvergnate, était attachée, en qualité de porteuse de pain, à l'une des plus importantes boulangeries du boulevard de Ménilmontant.

Quant à Angéline, au moment où je la connus, elle utilisait ses talents chez une grande modiste de la rue de Charonne.

Son teint pétri de lis et de roses m'alla droit au cœur.

(Je supplie mes lecteurs de ne pas prendre au pied de la lettre ce pétrissage de fleurs. Un jour de l'été dernier, pour me rendre compte, j'ai pétri dans ma cuvette des lis et des roses. C'est ignoble ! et si l'on rencontrait dans la rue une femme lotie de ce teint-là, on n'aurait pas assez de voitures d'ambulance urbaine pour l'envoyer à l'hôpital Saint-Louis.)

Comment ce balayeur et cette panetière s'y prirent-ils pour engendrer un objet aussi joliment délicat qu'Angéline ? Mystère de la génération !

Peut-être l'Auvergnate trompa-t-elle un jour le Badois avec un peintre anglais ?

(Les peintres anglais, comme chacun sait, sont réputés dans l'univers entier pour leur extrême beauté.)

Il était vraiment temps que je fisse d'Angéline ma maîtresse, car, le lendemain même, elle allait mal tourner.

Son ravissement de n'avoir plus à confectionner les chapeaux des élégantes du XIe arrondissement ne connut pas de bornes, et elle manifesta à mon égard les sentiments les plus flatteurs, sentiments que j'attribuai à mes seuls charmes.

Je n'eus rien de plus pressé (pauvre idiot !) que d'exhiber ma nouvelle conquête aux yeux éblouis de mes camarades.

— Charmante ! fit le chœur. Heureux coquin !

Un seul de mes amis, fils d'un richissime pharmacien d'Amsterdam, Van Deyck-Lister, crut devoir me blaguer, avec l'accent de son pays, ce qui aggravait l'offense :

— Oui, cette petite, elle n'est pas mal, mais je ne vous conseille pas de vous y habituer.

— Pourquoi cela !

— Parce que j'ai idée qu'elle ne moisira pas dans vos bras.

— Allons donc ! je la conserverai aussi longtemps que je voudrai.

— Je vous parie cinquante louis qu'elle sera ma maîtresse avant la fin de l'année.

— Fat !

(Nous étions alors au commencement de décembre.)

Cinquante louis, c'était une somme pour moi, à cette époque ! Mais que risque-t-on quand on est sûr ?

« ... au moment où je la connus, elle utilisait ses talents chez une grande modiste de la rue de Charonne. »

Dessin original de Gilles Rousseau, Ami d'Alphonse Allais.

Je tins le pari.

Sûr ? Oui, je croyais bien être sûr, mais avec les femmes est-on jamais sûr ? *Donna è mobile.*

Je ne manquai pas de rapporter à mon Angéline les propos impertinents de Van Deyck-Lister.

— Eh bien ! il a du toupet, ton ami !

Après un silence :

— Cinquante louis, combien que ça fait ?

— Ça fait mille francs.

— Mâtin !

Nous ne reparlâmes plus de cette ridicule gageure, mais moi je ne cessai de penser aux cinquante beaux louis que j'allais palper fin courant.

Un soir je ne trouvai pas Angéline à la maison, comme d'habitude. Elle ne rentra que fort tard.

Plus câline que jamais, elle me jeta ses bras autour du cou, m'embrassa à un endroit qu'elle savait bien et de sa voix la plus sirénéenne :

— Mon chéri, dit-elle, jure-moi de ne pas te fâcher de ce que je vais te dire...

— Ça dépend.

— Non, ça ne dépend pas. Il faut jurer.

— Pourtant...

— Non, pas de pourtant ! Jure.

— Je jure.

— Eh bien ! tu sais que nous ne sommes pas riches, en ce moment...

— Dis plutôt que nous sommes dans une *purée* visqueuse.

— Justement. Eh bien ! j'ai pensé que lorsqu'on peut gagner cinquante louis si facilement, on serait bien bête de se gêner...

— Comprends pas.

— Alors, je suis allée chez ton ami Van Deyck-Lister, et comme ça, il te doit cinquante louis.

La malheureuse ! Voilà comment elle comprenait les paris !

Était-ce jalousie ! Était-ce la fureur de perdre mille francs aussi bêtement ? Je ne me souviens pas, mais toujours est-il qu'à ce moment, je ressemblais beaucoup plus à un obus en fonction qu'à un être doué de raison.

— Tu n'as donc pas compris, espèce de dinde, hurlai-je, que puisque ce sale Hollandais a couché avec toi, c'est moi qui lui dois cinquante louis ?

— Mon Dieu, mon Dieu ! Faut-il que je sois bête ! éclata-t-elle en sanglots.

Et afin qu'elle ne gémît pas pour rien, je lui administrai une paire de calottes, ou deux.

Il y a des gens qui rient jaune ; Angéline, elle, pleurait bleu, car je vis bientôt luire à travers l'onde mourante de ses larmes l'arc-en-ciel de son sourire.

— Veux-tu que je te parle, mon chéri ?

— ...

— J'ai une idée. Tu verras, tu ne perdras pas ton argent.

— ...

— Demain je retournerai chez Van Deyck-Lister, et je lui dirai de ne rien te dire. Comme ça, c'est lui qui te devra les cinquante louis.

J'acquiesçai de grand cœur à cette ingénieuse proposition.

(Je dois dire, pour mon excuse, que ces faits se passaient dans le courant d'une année où, à la suite d'une chute de cheval, j'avais perdu tout sens moral.)

Très loyalement, Van Deyck-Lister, le 31 décembre, à minuit, me remit la somme convenue.

J'empochai ce numéraire sans qu'un muscle de mon visage tressaillît, et j'offris même un bock au perdant.

Souvent, par la suite, Angéline retourna chez Van Deyck-Lister. Chaque fois, elle en revenait munie de petites sommes qui, sans constituer une fortune importante, mettaient quelque aisance dans notre humble ménage.

« Allais était un être délicieux, apparenté physiquement à Pierrot, de visage long, blême, mélancolique, qu'éclairait un regard rêveur et étonné. Il n'était pas adapté à la vie qui l'égratignait et le déchirait en passant, mais il convertissait son chagrin ou sa nostalgie en ondes oniriques, dont quelques-unes vibreront longtemps dans les mémoires. »

(Léon Daudet)

Un miracle de l'amour

Au dessert, quelqu'un parla des miracles qu'accomplit l'amour. La flamme des souvenances passa dans mes yeux, et voici ce que je contai à tous ces gens :

— J'étais arrivé le matin même à Liverpool, et je devais m'embarquer, le lendemain même, à destination de Québec, par un steam-boat de la *Green Moon Line.*

Qu'allais-je faire à Québec ? Je me demande un peu en quoi ce détail peut vous intéresser. Pourtant, comme je n'ai rien à cacher de ma vie passée, je vous dirai que j'allais représenter, au Canada, une des meilleures maisons de topinambours de Pont-Audemer.

Toute la journée, je flânai dans Liverpool. Charmant, de flâner dans Liverpool !

Sur le coup de cinq heures, je me trouvai sur un quai, près d'un ponton où vient accoster un petit vapeur qui transporte le monde en face, sur la rive gauche de la Mersey.

Une jeune fille arriva qui était plus belle que le jour, beaucoup plus belle que le jour ! Et, en somme, elle n'avait pas de mal, car, pour ma part (je ne sais pas si vous êtes comme moi), je n'ai jamais rien trouvé d'épatant au jour.

Et si délicate elle était !

Elle semblait composée de la pulpe de je ne sais quel rêve rose.

Impossible de supposer, un seul instant, que la moindre de ses molécules appartînt au domaine d'ici-bas.

Mon Dieu ! mon Dieu ! comme je l'aimai tout de suite !

Et ses yeux ! Et ses cheveux !

Ses cheveux surtout ! Des cheveux de chimère blonde avec, au soleil, des reflets d'or clair.

Oh ! ses cheveux !

Un élan fou de tendresse haletante me faisait effondrer dans des abîmes, des abîmes. Et j'aurais voulu me rouler dans ses cheveux et y mourir, très doucement.

Les personnes qui me connaissent un peu n'auront pas grand-peine à s'imaginer que, le lendemain, je manquai le départ de mon steamer.

Elle s'appelait Betzy Campbell, et nous devînmes bientôt les meilleurs amis de la terre.

Je connus son père, sa mère, ses frères, ses sœurs, et, en général, tout ce qui constitue une famille, dans le nord-ouest de l'Angleterre.

Puis, le *time* ne cessant pas d'être *money,* et les nommés *business* s'obstinant à demeurer *business,* je dus m'embarquer pour ce malencontreux Canada.

Dire les larmes de Betzy Campbell serait une tâche au-dessus de mes forces.

Jamais, même au pis de mes orgies (durant ces sept mois passés à Québec, je n'ai pas dessaoulé), je n'oubliai les cheveux de ma tant jolie.

Et puis, devant le parti pris idiot des Canadiens contre le topinambour, je me décidai à revenir en Europe.

Une dépêche m'avait précédé ; sur le quai m'attendait *all the family Campbell.*

O Betzy ! Affreuse Betzy !

A son aspect, mon visage devint pâle comme celui d'un serpent.

S'était-elle pas avisée, ce petit chameau-là, de faire couper ses cheveux, ses cheveux, entendez-vous, ses cheveux !

Maintenant, elle semblait un joli, mais effronté petit garçon.

— Betzy, lui dis-je après dîner, vous n'êtes plus la Betzy de mes rêves, avec vos cheveux courts *(with your short hair)*.

De grosses larmes s'échappèrent de ses grands yeux d'azur, et je rentrai me coucher au *North-Western Hôtel* (en face de la statue équestre de Her Majesty Victoria).

Le lendemain, comme j'allais prendre congé de ces braves Campbell, un cri de stupeur rauque s'échappa de ma gorge.

Betzy, Betzy, avec ses cheveux innombrables, dorés et plus longs encore qu'antan !

A force d'amour, pendant la nuit, Betzy avait réussi à faire repousser ses cheveux.

Chère, chère, chère petite Betzy.

« Dans les quartiers rénovés des villes, aujourd'hui, on donne aux rues, aux allées, des noms de fleurs, d'animaux, d'écrivains.

Peut-être, un jour, en cherchant un bon bistrot, entendrons-nous dire, à La Ferté-Alais : "Allez allée Allais, chez Alphonse..." »

(Pierre Tchernia,
de l'Académie Alphonse Allais)

Comme les autres

La petite Madeleine Bastye eût été la plus exquise des jeunes femmes de son siècle, sans la fâcheuse tendance qu'elle avait à tromper ses amants avec d'autres hommes, pour un oui, pour un non, parfois même pour ni oui ni non (de Lenclos[1]).

Au moment où commence ce récit, son amant était un excellent garçon nommé Jean Passe (de la maison Jean Passe et Desmeilleurs).

Un brave cœur que ce Jean Passe et, disons-le tout de suite, l'honneur du commerce parisien.

Et puis, il aimait tant sa petite Madeleine !

La première fois que Madeleine trompa Jean, Jean dit à Madeleine :

— Pourquoi m'as-tu trompé avec cet homme ?

— Parce qu'il est beau ! répondit Madeleine.

— Bon ! grommela Jean.

1. Lenclos (Anne, dite Ninon de ; 1616-1706), célèbre en son siècle pour sa beauté, sa culture, son épicurisme et ses liaisons avec plusieurs hauts personnages de son temps.

Toute-puissance de l'amour ! Irrésistibilité du vouloir ! Quand Jean rentra, le soir, il était transfiguré et si beau que l'archange saint Michel eût semblé, près de lui, un vilain pou.

La deuxième fois que Madeleine trompa Jean, Jean dit à Madeleine :

— Pourquoi m'as-tu trompé avec cet homme ?

— Parce qu'il est riche ! répondit Madeleine.

— Bon ! grommela Jean.

Et, dans la journée, Jean inventa un procédé permettant, avec une main-d'œuvre insignifiante, de transformer le crottin de cheval en peluche mauve.

Les Américains se disputèrent son brevet à coups de dollars, et même d'*eagles* (l'*eagle* est une pièce d'or américaine qui vaut 20 dollars. A l'heure qu'il est, l'*eagle* représente exactement 104,30 francs de notre monnaie).

La troisième fois que Madeleine trompa Jean, Jean dit à Madeleine :

— Pourquoi m'as-tu trompé avec cet homme ?

— Parce qu'il est rigolo ! répondit Madeleine.

— Bon ! grommela Jean.

Et il se dirigea vers la librairie Flammarion, où il acheta *Pas de bile*, le dernier volume de notre sympathique collaborateur Alphonse Allais. Il lut, relut ce livre, véritablement unique, et s'en imprégna tant et si bien que Madeleine faillit trépasser de rire dans la nuit.

La quatrième fois que Madeleine trompa Jean, Jean dit à Madeleine :

— Pourquoi m'as-tu trompé avec cet homme ?

— Ah !... voilà ! répondit Madeleine.

Et de drôles de lueurs s'allumaient dans les petits yeux de Madeleine. Jean comprit et grommela : Bon !

. . . .

Je regrette vivement que le *Journal* ne soit pas un organe pornographique, car j'ai comme une idée que le lecteur ne s'ennuierait pas au récit de ce que fit Jean.

. . . .

La cinquième fois que Madeleine trompa Jean... Ah ! zut !

La onze cent quatorzième fois que Madeleine trompa Jean, Jean dit à Madeleine :

— Pourquoi m'as-tu trompé avec cet homme ?

— Parce que c'est un assassin, répondit Madeleine.

— Bon ! grommela Jean.

Et Jean tua Madeleine.

Ce fut à peu près vers cette époque que Madeleine perdit l'habitude de tromper Jean.

« Allais rude, celle-là ! Qu'Allais bombe la Corse, passe encore, mais de là à prendre l'Helvétie pour une lanterne... »

(Alain Casabona, Grand Chancelier de l'Académie Alphonse Allais)

Helvétisons la Corse

Exception faite de l'élément corse, qui constitue le fond de sa population, on peut dire que la Corse a tout pour elle.

Quel admirable pays !

Tel que vous me voyez, je viens d'accomplir au sein de cette île un trop court, hélas ! voyage (une semaine et quelques heures) ; j'en reviens la proie du plus vif ravissement.

Ravissement panaché de profonde affliction.

Ces deux sentiments, en apparence contradictoires, exigent une éclaircie[1].

Allons-y donc de notre embellissement[2] !

....

La plupart des Français continentaux, dès qu'ils se sentent à la tête d'une somme de quatre sous et de cinq minutes de temps, n'ont rien de plus pressé que de filer en Italie, en Suisse, en Écosse, en Norvège, et même, les snobs ! en Finlande (de plus fjord en plus fjord !).

Pourquoi, je vous le demande, ces niais ne dirigent-ils pas leurs simples pas vers la Corse, ce plus beau département de France, la Corse, ce plus superbe pays du monde ?

---

1. L'auteur a voulu dire sans doute *embellie*, synonyme, dans son esprit, d'*éclaircie. (Note de l'auteur lui-même.)*
2. L'auteur a voulu dire sans doute *éclaircissement. (Note de l'auteur lui-même.)*

Beauté des sites, agrément du climat, abondance et prix dérisoire des primeurs, fleurs et autres légumes, poissons frais comme s'il en pleuvait, mille gibiers... Que désirez-vous de plus ?

Ajoutons que, en sa qualité d'île méditerranéenne, la Corse se trouve affublée d'un littoral enchanteur : Bordighera, Sorrente, vous n'êtes que de bien pâles bibines auprès de certaines plages corsicanes que, seul, le défaut de place m'empêche de citer, véritables nids pour Yankees tuberculo-milliardaires, et bien portants Français !

Alors, se récrie le lecteur simpliste, si cette Corse, dont vous faites votre Dieu, vous semble si belle, comment, raisonnablement, expliquer, passez-moi l'expression, son insondable purée ?

Ah ! voilà !

Ou, plutôt : Ah ! voici :

La Corse appartient aux Corses.

La Corse est gérée, administrée, exploitée par les Corses.

Or, les Corses, vous n'avez pas idée de cela, impossible d'imaginer population moins gérante, administrante, exploitante.

Pleins de qualités, autrement.

Hospitaliers, surtout, à dérouter les plus flatteuses prévisions.

Hospitaliers, ai-je dit, voilà le grand mot lâché, car c'est juste cette délicate vertu qui les ruine et perd leur délicieux pays.

Il est grand temps de hausser la Corse à son étiage vrai et lui communiquer la valeur que ses mérites lui assignent.

Et comme il serait simple à remplir, ce noble but !

Débarrasser la Corse de tous ses habitants et remplacer nos vieux Corses par de jeunes Suisses.

Les Suisses sont un peuple rempli d'activité.

Un jour, le hasard vous conduit chez l'un d'eux ; jetant les yeux en l'air, vous remarquez un rocher abrupt.

Le mois suivant, vous revenez.

Plus de rocher abrupt, mais, à sa place, un hôtel gorgé de trois cents Anglais de tous sexes, en toilette de soirée, et qui bouffent des mutton-shops à deux guinées la livre.

Voyez-vous la Corse aux mains de ces gens-là !

Tout cet argent restera chez nous, mon vieux Rouvier[1], chez nous !

1. Maurice Rouvier (1842-1911), député, sénateur, plusieurs fois président du Conseil et plusieurs fois ministre des Finances sous la IIIe République.

« Enfin il faudrait souligner l'aspect Jules Verne d'Alphonse Allais. A force de prévoir le saugrenu il a fini par tomber juste. »

(Alexandre Vialatte)

L'agonie du papier

Vous pensez bien, mes petits amis, que ce n'est pas uniquement à titre de prunes, ni sans le plus sérieux des motifs que je viens de me livrer à d'intarissables jérémiades sur l'imminente disparition des arbres, causée par la de plus en plus folle consommation de papier imprimé.

De derrière la tête, oh ! j'avais mon idée

Comme dirait si bien maître François Coppée.

Et cette idée, j'aime autant l'avouer tout de suite, car aussi bien, vous ne serez pas longs à vous en apercevoir – cette idée c'est le lancement d'une brave petite affaire appelée à révolutionner le monde entier, tout bêtement.

Surtout à la petite épargne, depuis quelque temps si éprouvée je m'adresse, mais aussi à la grande et principalement à la moyenne.

Les capitaux ne provenant pas d'épargne sont également invités à jeter un coup d'œil sur l'exposé ci-dessous ; tout ce qu'on leur demande à ces agents, c'est d'être disponibles.

Le but de notre nouvelle société, but éminemment anticataclysmal et géophile, vous le devinez d'ici : suppression de l'emploi du papier partout où cette substance ne se trouve pas strictement indispensable, et son remplacement par des matières ou procédés plus conformes à l'état actuel des connaissances humaines.

Les enorgueillis qui, par stupide analogie, vaniteusement caractérisent notre époque comme *« l'âge du papier »* sont d'effroyables niais imbéciles, à torpiller dans les vingt-quatre heures.

N'en doutez pas : au regard de nos rosses de petits-neveux, le papier apparaîtra plus brute encore que le paléontologique silex plus ou moins taillé.

Ah ! chers amis, soupé, soupé, de ces errements.

Continuons, fichtre, à publier des journaux, des revues et des livres.

Qu'à pleins flots circule et nous pénètre la torche de la pensée humaine.

Que la Vérité, la Justice, la Beauté nous roulent éperdus en leurs vagues d'amour, d'harmonie et de rythme.

Que !...

... Mais revenons aux choses sérieuses.

... Le but de notre nouvelle société, répétons-le, c'est la suppression catégorique du papier dans ce petit monde des quotidiens, périodiques et autres ouvrages jusqu'à présent tributaires de l'exclusive, de la barbare typographie.

Ne nous attardons pas à dissiper la stupeur des personnages si tellement ancrés dans le mystérieux passé, comme dit M. Pourquery de Boisserin, que l'idée tant soit peu nouvelle, continue-t-il à s'exprimer, les jette en des abysses de perplexité.

Un journal sans papier !

Une revue sans papier !

Un roman sans papier !

Et pourquoi pas ?

....

La nouvelle société en question s'apprête à publier très incessamment sa première publication, un journal quotidien portant ce nom significatif : « *La Pellicule* », on va voir pourquoi.

Les abonnés de notre journal (le mieux informé, le plus littéraire du monde entier) recevront en même temps que le premier numéro, un petit appareil ressemblant fort à une lanterne magique, mais infiniment plus simple, appareil muni de ses accessoires avec la façon d'ailleurs élémentaire, de s'en servir.

Notre organe, « *La Pellicule* », parviendra chaque matin à nos abonnés sous forme d'une légère carte transparente, pas plus énorme qu'une carte à jouer.

Cette carte, insérée dans la rainure *ad hoc*, un bouton qu'on pousse, et sur la toile en face vient se projeter la plus clairement lisible de nos gazettes françaises et même étrangères.

Le miracle s'est simplement accompli par microphotographie des huit ou douze pages d'un immense journal sur la mignonne et sus-indiquée pellicule.

Nous étudierons prochainement les avantages financiers, la puissante moralisation et le chambardement dans les vieilles coutumes de la bourgeoisie française que ne manquera pas d'apporter notre curieuse innovation.

Pour souscrire, se hâter.

Bien que très occupé en ce moment, je recevrai volontiers les fonds de nos futurs actionnaires.

Encore une fois, pour éviter les regrets, se hâter.

« Écrivain du XIXe siècle, Alphonse Allais est, cent ans plus tard, le seul humoriste capable de faire éclater un ordinateur, de rire. »

(François Caradec)

Une drôle de lettre

Cannes. Décembre 1893.

Un jeune garçon de mes amis, M. Gabriel de Lautrec[1], m'envoie une lettre de conception tourmentée et de forme – dirai-je ? – incohérente.

L'idée m'est venue, un instant, de ne la publier point. Mais au seul horizon de la remplacer par une vague littérature de mon cru, le sang ne m'a fait qu'un tour, un seul, et encore.

Il fait du soleil sur la promenade de la Croisette, comme s'il en pleuvait. La tournée Saint-Omer est dans nos murs, dans le but évident de jouer ce soir *Le Sous-Préfet de Château-Gandillot*, par notre sympathique camarade, le jeune et déjà célèbre auteur dramatique Ernest Buzard. Je ne voudrais pas manquer la *petite pièce* qui sert de lever de rideau. Alors, quoi ? Je n'ai qu'à me dépêcher.

La seule ressource me demeure donc d'insérer dans nos colonnes la missive de ce Gabriel de Lautrec, qui ne sera jamais, décidément, sérieux :

« Mon cher Allais.

» Je couvre mes yeux de ma main, un instant, je rejette en arrière, d'un mouvement convulsif, mes cheveux, où mes doigts amaigris

---

1. Gabriel de Toulouse-Lautrec (1967-1938), cousin du célèbre peintre, était un collaborateur du *Chat Noir* et de *La Vie drôle*.

mettent un désordre voulu : je ranime la flamme jaune des bougies dans les chandeliers d'ébène, en cuir de Russie, qui sont le plus bel ornement de mon intérieur ; j'envoie un sourire voluptueux et morne à l'image de la seule aimée, et, après avoir disposé sur mes genoux, symétriquement, les plis du suaire à larmes d'argent qui me sert de robe de chambre, je vous écris – c'est à cette circonstance bien personnelle que la lettre qui va suivre emprunte son intérêt (avec l'intention formelle de ne jamais le lui rembourser).

» Si j'ai tardé à vous répondre, c'est que j'ai fait ces jours derniers un petit voyage, – en chemin de fer.

» En chemin de fer ! direz-vous – mon cher ami ! Oh oui ! je suis bien revenu de mes idées arriérées. Les chemins de fer ont leur avantage ; il faut faire quelques concessions à son siècle. La vie est faite de concessions – à perpétuité.

» Lorsque votre lettre m'est parvenue, je relisais les épreuves de mon volume sur *l'Adaptation des caves glacières à la conservation des hypothèques pendant les chaleurs de l'été* ; j'ai suspendu aussitôt tout travail, ai-je besoin de le dire ? et tout en regrettant de la recevoir si tard, je l'ai lue attentivement.

» Votre idée de la montre-revolver est très séduisante, à première vue. Elle est, en outre, pratique, ce qui ne gâte rien. Le mécanisme, tel que vous me le décrivez, avec trois dessins à l'appui (les dessins, entre parenthèses, sont assez mal faits), cette double détente de la montre et du revolver, ingénieusement reliée par l'ancre d'échappement, tout cela est merveilleusement trouvé.

»Tout le jour, vous portez votre montre dans la poche de votre gilet. Vous la regardez, vous savez l'heure, c'est très commode.

» Le soir venu, quelqu'un vous attaque, sous le prétexte fallacieux de demander l'heure, précisément. Vous exhibez votre montre, vous tirez dix ou douze coups, et voilà des enfants orphelins (ou du moins dangereusement blessé, le père).

» Et cependant, à voir l'objet, c'est une simple montre, comme vous et moi.

» C'est merveilleux, voilà tout.

» Je sais bien qu'il y a un inconvénient.

» Toutes les fois que l'on tire un coup de revolver, la montre s'arrête.

» Je trouve cela très naturel.

» Il serait difficile qu'il en fût autrement.

» Vous avouez, d'ailleurs, cet inconvénient au lieu d'en chercher le remède, et combien vous avez raison !

» Car un inconvénient auquel on remédie n'en est plus un.

» Est-il nécessaire, d'ailleurs, d'y remédier ?

» Pour ma part, je vois là, tout au contraire, un grand avantage.

» Je pense que si l'on pouvait faire adopter votre modèle de montre-revolver par les assassins, au moyen d'une remise de la force de plusieurs chevaux, ce serait d'une sérieuse utilité pour les constatations judiciaires.

» On serait immédiatement fixé, rien qu'en regardant l'instrument du crime, sur l'heure précise de la mort.

» L'expression usuelle : l'*Heure de la Mort,* cesserait dès lors d'être une vaine métaphore, pour devenir une palpable réalité.

» Or, je vous le demande : toutes les fois qu'on a l'occasion de réaliser une métaphore, doit-on hésiter un seul instant ?

» ... Au moment de terminer ma lettre, un remords vient me visiter. Je lui offre un siège et des cigares, courtoisement.

» Ce que je vous ai dit, en commençant, au sujet des chemins de fer, vous a peut-être fait croire que j'étais un partisan résolu de ce nouveau moyen de transport : il n'en est rien.

» Les désagréments qu'il présente sont nombreux.

» Pourquoi, par exemple, placer les gares, toujours, et exactement, sur la ligne du chemin de fer ?

» Le train s'arrête, vous descendez ; il y a cent contre un à parier que vous trouverez une gare devant vous.

» Et le pittoresque, et l'imprévu, qu'en fait-on ?

» Au point de vue du décor, ne vaudrait-il pas mieux disséminer les gares, loin du railway, dans la campagne, au hasard du paysage ? On les apercevrait de loin en passant, sur une montagne, à l'extrémité d'une vallée – le décor y gagnerait, et le voyage offrirait bien plus d'agrément.

» Sur ce, mon cher Allais, je vous quitte. Je vais allumer ma pipe à la pompe, comme disait l'autre, et la fumer à votre santé.

» GABRIEL DE LAUTREC. »

Notez bien que je n'ai jamais parlé à Gabriel de la moindre idée de montre-revolver.

Ou bien, alors, étais-je gris, telle la feue Pologne, à moins que ce fût lui qui eût bu plus que de raison ?

Mais, cette jolie conception de semer les gares par le travers des horizons !

Vous croyez bonnement que les grandes Compagnies s'y arrêteront une minute !

Alors, je le vois bien, vous êtes comme les autres : vous ne connaissez pas les grandes Compagnies.

« Le sabre eut aussi à subir ses railleries. Et si, soldat, on ne lui connaît pas d'histoires, c'est qu'il inspire à ses supérieurs une inquiétude réelle qui les tient à distance d'un artiste jugé idiot. Il a une façon bien à lui d'aborder les problèmes de la défense nationale : on lui doit notamment une liste impressionnante de perfectionnements militaires inspirés par un souci patriotique frémissant. »

(André Frédérique)

Les culs-de-jatte militaires

Une des causes – et non la moindre – du succès des troupes japonaises sur les armées chinoises est dans l'utilisation faite par les Japonais des culs-de-jatte, considérés, jusqu'à présent, comme inaptes aux combats[1].

En France, comme, d'ailleurs, dans tous les pays occidentaux, lorsqu'un cul-de-jatte se présente au conseil de révision, une vieille coutume veut qu'on ne lui mesure pas la largeur du thorax, qu'on ne le fasse même pas se redresser sous la toise. Le médecin, tout de suite, le déclare impropre au service militaire.

Cette façon d'agir fut consacrée, voilà deux ou trois ans, par une éloquente circulaire du général Poilloüe de Saint-Mars[2], commençant par ces mots :

« Le pied est un organe des plus utiles au fonctionnement de tout bon fantassin. »

---

1. Cette guerre s'était achevée en 1895 par le traité de Shimonoseki, par lequel le Japon enlevait à la Chine l'île de Taïwan et assurait sa domination politique en Corée.
2. Le général marquis Léon Poilloüe de Saint-Mars (1832-1897) fut successivement directeur de l'infanterie au ministère de la Guerre, puis commandant de la 12e Région militaire, à Limoges.

Au Japon, il en est tout autrement.

Les culs-de-jatte sont, au contraire, extrêmement recherchés par l'administration militaire.

On les incorpore dans un régiment qui porte un nom japonais assez compliqué et dont je ne puis me souvenir. Cet oubli, que je compte bien réparer un de ces jours, est d'autant moins grave que je me rappelle la signification de ce nom japonais si compliqué. Il se traduit exactement ainsi : *Régiment de culs-de-jatte.*

Dans l'organisation militaire du Japon, le cul-de-jatte est doublement utilisé comme éclaireur et comme combattant.

Les services qu'un cul-de-jatte peut rendre comme éclaireur n'échapperont à personne. Sa petite taille lui permet de dissimuler sa présence à l'ennemi et de passer inaperçu dans des endroits où un brillant état-major à cheval, chamarré de dorures et de décorations, se ferait forcément remarquer de l'ennemi le moins perspicace.

Une disposition des plus ingénieuses ajoute encore à l'invisibilité de ces éclaireurs ; chaque cul-de-jatte est muni d'une série de légers costumes en *podh-ball*[1], affectant la forme de cache-poussière et teints en nuances différentes. Selon la couleur des milieux dans lesquels il évolue, l'éclaireur revêt un costume d'un ton analogue : gris sur les routes, vert dans la campagne, couleur caca dans les tableaux de Bonnat.

Le cul-de-jatte est installé, non point sur une selle de bois, comme en Europe, mais bien sur une sorte de tout petit véhicule automobile qui lui permet de garder la libre disposition de ses bras et de ses mains.

1. Tissu extrêmement souple, dont plusieurs mètres tiendraient dans le creux de la main. *(Note d'Alphonse Allais.)*

Rien de plus confortable que cette minuscule voiture fort bien suspendue, ma foi, sur d'excellents ressorts (système A. Boudin), et dont les roues sont garnies de ces fameux pneus gordiens dont Alexandre le Grand n'eut raison qu'à coups de sabre.

La machine adoptée est le moteur à gaz, système Armand Sylvestre[1], si simple, et si pratique à la fois, puisque, en dehors de son rôle tracteur, il permet de remettre immédiatement le pneu en état au cas où un accident l'aurait dégonflé.

Avec ce moteur, pas de combustible à emporter, pas de piles électriques ! Rien que cet accumulateur naturel qu'on nomme le haricot.

Au point de vue du combat, le cul-de-jatte n'est pas un auxiliaire moins précieux.

Dans les feux de salve, placé immédiatement devant la ligne des troupes, il évite aux premiers rangs la peine de se mettre à genoux. (Cette économie de fatigue permit souvent à l'armée japonaise de doubler les étapes et de tomber sur le poil des Chinois au moment où les fils du Ciel s'y attendaient le moins.)

En tirailleur, le cul-de-jatte devient un adversaire redoutable.

Le moindre tronc d'arbre lui sert de rempart, la moindre taupinière de refuge.

De ces abris improvisés, il dirige sur l'ennemi un feu désastrifère et catastrophore. Être frappé sans voir qui vous frappe ! Ô rage, ô désespoir !

Le bref espace dont je dispose me contraint malheureusement à écourter cette chronique militaire.

1. Armand Sylvestre (exactement : Silvestre ; 1837-1901), poète parnassien, critique littéraire, est par ailleurs l'auteur de contes gaillards et de nouvelles. Allais le surnommait : « Le conteur à gaz. »

J'ai cru faire mon devoir en signalant à notre ministère de la Guerre une innovation qui, bien comprise, pourrait faire de la France une nation prospère à l'intérieur, respectée au-dehors.

Certes, je ne mets pas en doute le patriotisme du grand état-major ; mais osera-t-il secouer l'indolence légendaire des bureaux, et prendre sur lui d'accomplir quelque chose de véritablement neuf ? Je ne le crois pas.

Pauvre France !

« On commence seulement à savoir que cet écrivain (qui ne voulait pas se prendre au sérieux), que ce journaliste (qui refusait les disciplines et les servitudes) a découvert la puissance explosive de l'humour. »

(Philippe Soupault)

Excentric's

We are told that the sultan Mahmoud by his perpetual wars...
(Sir Cordon Sonnett)

Par un phénomène bizarre d'association d'idées (assez commun aux jeunes hommes de mon époque), l'Exposition de 1889 me rappelle celle de 1878.

A cette époque, dix printemps de moins fleurissaient mon front. C'est effrayant ce qu'on vieillit entre deux Expositions universelles, surtout lorsqu'elles sont séparées par un laps considérable.

Ma bonne amie d'alors, une petite brunette à qui l'ecclésiastique le plus roublard aurait donné le bon Dieu sans confession (or une nuit d'orgie, pour elle, n'était qu'un jeu), me dit un jour à déjeuner :

— Qu'est-ce que tu vas faire, pour l'Exposition ?

— Que ferai-je bien pour l'Exposition ?

— Expose.

— Expose ?... Quoi ?

— N'importe quoi.

— Mais, je n'ai rien inventé !

(A ce moment, je n'avais pas encore inventé mon aquarium en verre dépoli, pour poissons timides. S.G.D.G.).

— Alors, reprit-elle, achète une baraque et montre un phénomène.

— Quel phénomène ?... Toi ?

Terrible, elle fronça son sourcil pour me répondre :

— Un phénomène, moi !

Et peut-être qu'elle allait me fiche des calottes, quand je m'écriai, sur un ton d'amoureuse conciliation :

— Oui, tu es un phénomène, chère âme ! un phénomène de grâce, de charme et de fraîcheur !

Ce en quoi je ne mentais pas, car elle était bigrement gentille, ce petit chameau-là.

Un coquet nez, une bouche un peu grande (mais si bien meublée), des cheveux de soie innombrables et une de ces peaux tendrement blanc rosé, comme seules en portent les dames qui se servent de crème.

Certes, je ne me serais pas jeté pour elle dans le bassin de la place Pigalle, mais je l'aimais bien tout de même.

Pour avoir la paix, je conclus :

— C'est bon ! puisque ça te fait plaisir, je montrerai un phénomène.

— Et moi, je serai à la caisse ?

— Tu seras à la caisse.

— Si je me trompe en rendant la monnaie, tu ne me ficheras pas des coups ?

— Est-ce que je t'ai jamais fichu des coups ?

— Je n'ai jamais rendu de monnaie, alors je ne sais pas...

Si je rapporte ce dialogue tout au long, c'est pour donner à ma clientèle une idée des conversations que j'avais avec Eugénie (c'est peut-être Berthe qu'elle s'appelait).

Huit jours après, je recevais de Londres un nain, un joli petit nain.

Quand les nains anglais, chacun sait ça, se mêlent d'être petits, ils le sont à défier les plus puissants microscopes ; mais quand ils se mêlent d'être méchants, détail moins connu, ils le sont jusqu'à la témérité.

C'était le cas du mien. Oh ! la petite teigne !

Il me prit en grippe tout de suite, et sa seule préoccupation fut de me causer sans relâche de vifs déboires et des afflictions de toutes sortes.

Au moment de l'exhibition, il se haussait sur la pointe des pieds avec tant d'adresse, qu'il paraissait aussi grand que vous et moi.

Alors, quand mes amis me blaguaient, disant : « Il n'est pas si épatant que ça, ton nain ! » et que je lui transmettais ces propos désobligeants, lui, cynique, me répondait en anglais :

— Qu'est-ce que vous voulez... il y a des jours où on n'est pas en train.

Un soir, je rentrai chez moi deux heures plus tôt que ne semblait l'indiquer mon occupation de ce jour-là.

Devinez qui je trouvais, partageant la couche de Clara (je me rappelle maintenant, elle s'appelait Clara) !

Inutile de chercher, vous ne devineriez jamais.

Mon nain ! Oui, mesdames et messieurs, Clara me trompait avec ce british minuscule !

J'entrai dans une de ces colères !...

Heureusement pour le traître, je levai les bras au ciel avant de songer à le calotter. Il profita du temps que mes mains mirent à descendre jusqu'à sa hauteur, pour filer. Je ne le revis plus.

Quant à Clara, elle se tordait littéralement sous les couvertures.

— Il n'y a pas de quoi rire, fis-je sévèrement.

— Comment, pas de quoi rire ? Eh ben, qu'est-ce qu'il te faut à toi ?... Grosse bête, tu ne vas pas être jaloux d'un nain anglais ? C'était pour voir, voilà tout. Tu n'as pas idée.

Et elle se reprit à rire de plus belle, après quoi elle me donna quelques détails, réellement comiques, qui achevèrent de me désarmer.

C'est égal, dorénavant, je me méfiai des nains et, pour utiliser le local que j'avais loué, je me procurai un géant japonais.

Vous rappelez-vous le géant japonais de 1878 ? Eh bien ! c'est moi qui le montrais. Mon géant japonais ne ressemblait en rien à mon nain anglais.

D'une taille plus élevée, il était bon, serviable et chaste.

Ou, du moins, il semblait doué de ces qualités. J'ai raison de dire *il semblait,* car, à la suite de peu de jours, je fis une découverte qui me terrassa.

Un soir, rentrant inopinément dans la chambre de Camille (oui, c'est bien Camille, je me souviens), je trouvai, jonchant le sol, l'orientale défroque de mon géant, et dans le lit Camille... devinez avec qui !

Inutile de chercher, vous ne trouveriez jamais.

Camille, avec mon ancien nain !

C'était mon espèce de petit cochon de nain anglais, qui n'avait trouvé rien de mieux, pour rester près de Camille, que de se déguiser en géant japonais.

Cette aventure me dégoûta à tout jamais du métier de barnum.

C'est vers cette époque, qu'entièrement ruiné par les prodigalités de ma maîtresse, j'entrai en qualité de valet de chambre, 59, rue de Douai, chez un nommé Sarcey.

> « *Abonné au gaz et quasi homonyme des* Bains-publics... bains publics..., *Alphonse Allais a su donner à la mauvaise plaisanterie une forme si virulente qu'elle dégoûta aussi bien les friands d'esprit fin que les amateurs d'épaisse rigolade. Après un pareil exploit, on comprend qu'il demeure un auteur toujours un peu maudit. C'est pourquoi il ne faut pas hésiter à commémorer sa mémoire, avec toute la dignité requise.* »
>
> (Raymond Queneau,
> de l'Académie Goncourt)

Essai sur la vie de l'abbé Chamel

A PROPOS DE LA STATUE QU'ON SE PROPOSE D'ÉRIGER EN SOUVENIR DE CE DIGNE PRÉLAT

Rosalie Chamel était depuis plus de vingt ans au service de l'abbé Tumaine, et sa seule angoisse était de quitter cet ecclésiastique.

Femme de ménage de premier ordre, cuisinière hors de pair, nature affective entre toutes, Rosalie Chamel s'attacha fortement à la cure de Hétu (près de Monvieux) et à son titulaire.

Aussi, à chaque heure de la journée, l'entendait-on gémir :

— Mon Dieu ! qu'est-ce que je deviendrais si l'abbé mourait ?... Où irais-je si l'abbé mourait ?... Je n'aurais plus qu'à me jeter à l'eau, si l'abbé mourait !

Si l'abbé mourait, par-ci. *Si l'abbé mourait*, par-là... Tout le diocèse retentissait de cette sempiternelle antienne.

Le nom en resta au pauvre serviteur de Dieu, et bientôt on ne l'appela plus que l'*abbé Mouret*.

Ainsi qu'il était facile de s'y attendre avec un tel sobriquet, l'abbé Mouret ne tarda pas à commettre une faute, la faute bien connue sous le nom de *faute de l'abbé Mouret.*

L'infortunée Rosalie Chamel n'y coupa point : neuf mois plus tard, la légion des Chamel comptait un petit membre de plus.

L'abbé Mouret (conservons-lui ce nom, n'est-ce pas, ce nom qui, tout compte fait, ne dérange personne), l'abbé Mouret, dis-je, fut très chic dans cette affaire-là.

Plutôt que de perdre une tant irremplaçable cuisinière, il passa par-dessus toutes les convenances mondaines et sacerdotales, et conserva Rosalie Chamel à son service, en l'augmentant (ça alors, c'est très chic) de trente mensuels francs pour les multiples dépenses occasionnées par le frais émoulu.

Tout de suite, l'enfant grandit en taille et en vertus.

Mais l'atavisme était là, qui veillait !

Atavisme, laissez-vous saluer en passant ! Vous êtes le grand veilleur ! A votre place, il y a belle lurette que je m'en serais allé coucher !

L'atavisme veillait pour insuffler, dans cette baudruche qu'est la destinée d'un enfant, la double et simultanée aptitude des parents, cuisine et saint-sacrement mêlés !

Et la chimère du petit Chamel oscilla longtemps entre l'art culinaire de sa maman et la profession ecclésiastique de son criminel à la fois et sacré papa.

Abrégeons : l'enfant, devenu jeune homme, se fit prêtre, non sans avoir jeté sur le *Fourneau* un long regard tenant plus de l'*Au revoir* que du définitif *Adieu.*

... Nous n'avons pas encore assez abrégé. Abrégeons davantage et brûlons les planches du Temps :

Nous retrouvons l'abbé Chamel à la tête de la florissante petite paroisse de Dauday-sur-Tarasque.

Il pouvait bien être onze heures du matin, onze heures et demie même.

A la porte du presbytère, tintinnabula le grelot d'une bicyclette, et de cette bicyclette alertement sauta un homme, jeune encore, portant le costume ecclésiastique.

L'abbé Chamel n'eut pas grand-peine à reconnaître en ce véloceman son collègue, l'abbé Kahn, le secrétaire particulier de Monseigneur, prêtre d'origine juive (comme l'indique son nom) et qui (comme l'indique encore son nom) passait les trois quarts de sa vie en vélocipède (ces prêtres-là, vous avez beau dire, font énormément de tort à la religion).

— Mon cher Chamel, fit l'abbé Kahn avec une volubilité bien sémite, voici ce dont il s'agit : Monseigneur arrive ici dans quarante minutes, il s'agit de lui fricoter un petit *lunch* qui ne soit pas dans une potiche !

— Ah ! riposta l'abbé Chamel, vous vous imaginez que ça s'organise comme ça, en cinq sec, un petit déjeuner pour un prélat ! Nous ne sommes pas dans le ghetto de Francfort ici.

(L'abbé Chamel est un des premiers abonnés de la *Libre parole*.)

L'abbé Kahn se mordit les lèvres :

— Mais, mon cher collègue, un petit poulet, un petit canard, un petit lapin...

— Nous n'avons ici ni petit poulet, ni petit canard, ni petit lapin !

— On m'avait pourtant dit que la petite paroisse de Dauday-sur-Tarasque était très riche...

— Précisément ! Les gens sont si riches ici qu'ils achètent tout ce qui est à vendre et qu'ils ne veulent rien vendre de ce qui leur appartient !

— Ah diable !

— Tout ce que j'ai chez moi, c'est du beurre, du lait, de la crème et des œufs... Je ne parle pas, bien entendu, d'un vieux restant de veau d'hier... Mais j'ai une idée !... si Monseigneur vient, priez-le de m'excuser : je vais lui composer un petit plat de ma composition...

Abrégeons encore :

On se mit à table.

Monseigneur prit des œufs. Il en reprit. Il en redemanda, encore. Et ce manège dura tant que durèrent les œufs.

— Comment appelez-vous cette sauce ? s'informa le doux prélat.

— Cette sauce, Monseigneur, n'a aucun nom dans aucune langue. C'est moi qui viens de l'improviser.

— Eh bien ! tous mes compliments. Je me souviendrai longtemps des *œufs à l'abbé Chamel !*

. . . .

Un comité vient de se former pour réunir les fonds destinés à élever une statue à l'excellent prêtre, au digne homme, à l'incomparable cuisinier que fut l'abbé Chamel.

Je m'inscris personnellement pour 350 000 francs.

« Je regrette que ce genre de blagueur de génie ait à peu près disparu de la surface de Paris. Car ces gens-là n'étaient pas seulement drôles dans ce qu'ils écrivaient mais dans leur comportement (par exemple, les déguisements qu'affectionnait Allais dans le train lorsqu'il commençait le voyage en colonel pour le terminer en vieille fille). »

(Pierre Daninos)

Une sale blague

Ce que je vais vous conter là, mes bons petits lecteurs chéris, n'est peut-être pas d'une cocasserie excessive.

Qu'importe, si c'est une bonne action, et c'en est une !

Vous permettrez bien à l'étincelant humoriste que je suis de se taire un jour pour donner la parole à l'honnête homme dont il a la prétention de me doubler.

Ma nature frivole, et parfois facétieuse, m'a conduit à commettre un désastre irréparable peut-être.

Fasse le ciel que l'immense publicité donnée à ce récit en amortisse les déplorables effets !

C'était hier.

J'avais pris, à la gare Saint-Lazare, un train qui devait me descendre à Maisons-Laffitte.

Notre compartiment s'emplit à vue d'œil. On allait partir, quand, à la dernière minute, monta une petite femme blonde assez fraîche et d'allure comiquement cavalière.

Son regard tournant, tel le feu du phare de la Hève, inspecta les personnes et finit par s'arrêter sur moi.

Elle me sourit d'un petit air aimable, comme une vieille connaissance qu'on est enchanté de rencontrer.

Moi, ma foi, je lui adressai mon plus gracieux sourire et la saluai poliment.

Mais j'avais beau chercher au plus creux de ma mémoire, je ne la reconnaissais pas du tout, mais, là, pas du tout.

Et puis, par-dessus les genoux d'un gros monsieur, elle me tendit sa potelée petite main :

— Comment ça va ? s'informa-t-elle.

J'étais perplexe.

Ma mémoire me trahissait-elle, ou bien si c'était une bonne femme qui me prenait pour un autre ?

A tout hasard, je lui répondis que j'allais pas trop mal.

— Et vous-même ? ajoutai-je.

— Assez bien... Vous avez un peu maigri.

— Peines de cœur, beaucoup. Ma maîtresse, tout le temps, dans les bras d'un autre.

— Et le papa ?

— Pas plus mal, merci.

— Et la maman ?

— Pas plus mal, non plus, merci.

— Et vos petites nièces, ça doit être des grandes filles, maintenant ?

Là je fus fixé ! c'est la bonne femme qui se trompait.

J'ai deux petits neveux, très gentils, André et Jacques ; mais encore pas l'ombre d'une nièce.

Une fois avérée l'erreur de la dame, je fus tout à fait à mon aise et je répondis avec un incroyable sang-froid :

— Mes petites nièces vont très bien. L'amputation a très bien réussi.

— L'amputation !... Quelle amputation ?

— Comment, vous ne savez pas ? On a coupé la jambe gauche à l'aînée, et le bras droit à la petite.

— Oh ! les pauvres mignonnes ! Et comment cela est-il arrivé ?

— A la suite d'un coup de grisou survenu dans leur pension, une pension bien mal surveillée, entre parenthèses.

A mon tour, et avec une habileté diabolique, je m'enquis de la santé des siens.

Toute sa famille y passa : une tante catarrheuse, un père paralytique, une belle-sœur poussive, etc.

— Et vous allez sans doute à Évreux ? poursuivit-elle.

— Oh ! non, madame ; je n'ai jamais refichu les pieds à Évreux depuis *mon affaire.*

Le ton de réelle affliction sur lequel je prononçai *mon affaire* lui jeta un froid, mais un froid fortement mêlé de curiosité.

— Vous avez eu... *une affaire* ?

— Comment madame, vous ne savez pas ?

— Mais non.

— Les journaux de Paris en ont pourtant parlé !

Une pause.

— Eh bien ! madame, je puis vous le dire, à vous qui êtes une personne discrète... J'ai été condamné à six mois de prison pour détournement de mineure, proxénétisme, escroquerie, chantage, recel et gabegie.

....

— Maisons-Laffitte ! cria l'employé de la gare.

Avant de débarquer, je tendis gracieusement ma main à la grosse dame et d'un petit air dégagé :

— Entre nous, n'est-ce pas ?

Je n'avais pas mis le pied sur la terre ferme que j'étais désespéré de ma lugubre plaisanterie.

A l'heure qu'il est, tout Évreux sait qu'un de ses fils a failli à l'honneur.

Peut-être, des familles pleurent, des fiancées sanglotent, des pères se sont pendus dans leur grenier.

J'en adjure les directeurs des feuilles locales ! Qu'ils fassent tirer (à mon compte) 10 000 (dix mille) numéros supplémentaires de leur journal relatant cette confession, et qu'ils les fassent répandre à profusion dans les grandes et petites artères d'Évreux.

Que le jeune Ébroïcien, si légèrement compromis, puisse rentrer, par la grande porte, dans l'estime de ses concitoyens.

Et alors, seulement, je pourrai dormir tranquille.

« Personne, sauf lui, n'a su garder un style aussi net, sans bavures, ni laisser pour la postérité une œuvre et un visage aussi personnels : glacé, racé, imperturbable, et ce rire étranglé, voisinant parfois avec une dureté, pour ne pas dire cruauté inhumaine. »

(Anatole Jakovsky)

Manchots

Quand le gouvernement de la République française me conféra le très grand honneur de m'appeler à la présidence de la *Commission supraparlementaire des Améliorations à fournir au sort des manchots,* mon premier soin fut de diviser mon assemblée en deux sous-commissions : l'une devant s'occuper spécialement des infortunés privés d'un seul bras, la seconde destinée à surtout envisager le cas des bi-manchots, autrement dit les personnes que nature, maladies ou traumatismes dépossédèrent de leurs membres antérieurs.

Bien que conservant la direction générale des travaux de ces deux commissions, ce fut particulièrement à la bi-manchotie que je consacrai le peu qui me surnage d'intelligence, d'énergie et de dévouement à la cause des déshérités.

L'espace m'est ici, par dommage, trop parcimonieusement mesuré pour que je puisse, *in extenso,* reproduire le discours par lequel j'inaugurai nos travaux, véritable petit chef-d'œuvre de méthode ingénieuse et de fraternelle clarté, de style allural, et de mille autres mérites, tous d'une rare inoubliabilité.

Notre programme se résuma vite en ceci : faire rechercher, à la Bibliothèque nationale (par des petits jeunes gens pas chers), ce qu'on avait déjà tenté, depuis les temps les plus reculés jusqu'à nos jours, en vue de l'amélioration du sort des manchots ; faire rédiger (par des petits jeunes gens bon marché) une substantielle compilation de ces travaux, mémoires, édits, décrets, dotations, etc., etc., servir chaud et tendre sa poitrine haletante vers quelques croix d'honneur bien méritées.

Nous ne fûmes pas, hélas ! longs à rester muets d'épouvante et d'horreur : depuis les temps les plus reculés jusqu'à nos jours, nul roi, nul empereur, nul pape, nul philanthrope privé, n'a songé jamais à tendre la moindre main miséricordieuse aux gens sans bras !

Nib de nib !... Nous étions frais !

La seule ressource nous restait de procéder par analogie et de rechercher, dans les systèmes appliqués aux autres déshérités, ce que nous pourrions bien prendre à l'usage de notre petite spécialité.

Nous visitâmes des écoles où l'on élève des aveugles, et des établissements au sein desquels s'éduquent les sourds-muets.

Cette double inspection ne respira que la stérilité.

— Peut-être, nous avisâmes-nous, la visite de l'École Scarron se verra-t-elle frappée, pour nous, au coin d'un plus appréciable avantage ?

— Car enfin, observa notre honorable vice-président, qu'est-ce que c'est que les culs-de-jatte, sinon des manchots, des manchots par en bas ?...

Ce qui nous frappa, à notre entrée à l'École Scarron, fut l'air d'extraordinaire bonne humeur de tous ces petits pensionnaires.

Précisément, c'était l'instant d'une récréation.

Il fallait les voir rouler à des vitesses vertigineuses, évoluer, virevolter, confortablement installés sur leurs coquettes et bien roulantes petites voitures à pneus !

Tous les jeux auxquels se livrent nos bébés jambus se voient exécutés avec la plus vive maestria par les jeunes élèves de l'École Scarron...

Notamment le football !

Quelques-uns de ces drilles, sur le sort de qui nous nous apitoyions, n'hésitèrent pas à nous éclater de rire au nez fort impertinemment.

— Mais, mon pauvre monsieur, haussa les épaules l'un d'eux, il me pousserait subitement la meilleure paire de jambes du monde que je n'hésiterais pas une minute à me la faire amputer !

— Les jambes, ajouta son voisin, c'est la mort des bras !

Et, ce disant, le jeune homme se retroussait la manche sur des muscles comme je n'en souhaiterais pas à mon pire ennemi.

— Tenez, fit un troisième, faites-en autant, les « cuissards » !

Empoignant une corde qui pendait du troisième étage, il s'élevait, tel un oiseau, dans les airs avec une célérité facilement explicable par la suppression du poids mort des jambes, jointe à la surprenante vigueur des biceps, entraînés par l'usage quotidien du *fer à repasser*.

Tout cela – je ne dis pas – était fort joli ; mais quelle instruction à en retirer, pour le bien de notre mission ?...

Nulle, hélas !

Et nous en sommes, aujourd'hui, à cette maigre réforme de l'orgue de Barbarie, désormais accessible aux pires bi-manchots, grâce à un système de pédales assez semblable à celui dont se servent les rémouleurs.

Si quelqu'un de nos lecteurs voyait quelque amélioration plus profonde, merci d'avance !

« Grâce à lui, l'hydropathe, le fumiste et le chat noir ne sont pas des langues mortes, ils continuent de vivre dans son œuvre. »

(Jean-Paul Lacroix)

Les zèbres

— Ça te ferait-il bien plaisir d'assister à un spectacle vraiment curieux et que tu ne peux pas te vanter d'avoir contemplé souvent, toi qui es du pays ?

Cette proposition m'était faite par mon ami Sapeck[1], sur la jetée de Honfleur, une après-midi d'été, d'il y a quatre ou cinq ans.

Bien entendu, j'acceptai tout de suite.

— Où a lieu cette représentation extraordinaire, demandai-je, et quand ?

— Vers quatre ou cinq heures, à Villerville, sur la route.

— Diable ! nous n'avons que le temps !

— Nous l'avons... ma voiture nous attend devant le Cheval-Blanc.

Et nous voilà partis au galop de deux petits chevaux attelés en tandem.

Une heure après, tout Villerville, artistes, touristes, bourgeois, indigènes, averti qu'il allait se passer des choses peu coutumières, s'échelonnait sur la route qui mène de Honfleur à Trouville.

---

1. Sapeck (Eugène Bataille, 1853-1891), le plus célèbre membre de la Société des Hydropathes, dans le Quartier latin, fut le complice d'Alphonse Allais en activités « fumistes ». Il fut nommé conseiller de préfecture (sous son patronyme) à Lons-le-Saunier en 1883.

Les attentions se surexcitaient au plus haut point. Sapeck, vivement sollicité, se renfermait dans un mystérieux mutisme.

— Tenez, s'écria-t-il tout à coup, en voilà un !

Un quoi ? Tous les regards se dirigèrent, anxieux, vers le nuage de poussière que désignait le doigt fatidique de Sapeck, et l'on vit apparaître un tilbury monté par un monsieur et une dame, lequel tilbury traîné par un zèbre.

Un beau zèbre bien découplé, de haute taille, se rapprochant, par ses formes, plus du cheval que du mulet.

Le monsieur et la dame du tilbury semblèrent peu flattés de l'attention dont ils étaient l'objet. L'homme murmura des paroles, probablement désobligeantes, à l'égard de la population.

— En voilà un autre ! reprit Sapeck.

C'était en effet un autre zèbre, attelé à une carriole où s'entassait une petite famille.

Moins élégant de formes que le premier, le second zèbre faisait pourtant honneur à la réputation de rapidité qui honore ses congénères.

Les gens de la carriole eurent vis-à-vis des curieux une tenue presque insolente.

— On voit bien que c'est des Parisiens, s'écria une jeune campagnarde, ça n'a jamais rien vu !

— Encore un ! clama Sapeck.

Et les zèbres succédèrent aux zèbres, tous différents d'allures et de formes.

Il y en avait de grands comme de grands chevaux, et d'autres, petits comme de petits ânes.

La caravane comptait même un curé, grimpé dans une petite voiture verte et traîné par un tout joli petit zèbre qui galopait comme un fou.

Notre attitude fit lever les épaules au digne prêtre, onctueusement. Sa gouvernante nous appela *tas de voyous.*

« Et les zèbres succédèrent aux zèbres, tous différents d'allures et de formes. »

Dessin original de Gilles Rousseau, Ami d'Alphonse Allais.

Et puis, à la fin, la route reprit sa physionomie ordinaire : les zèbres étaient passés.

— Maintenant, dit Sapeck, je vais vous expliquer le phénomène. Les gens que vous venez de voir sont des habitants de Grailly-sur-Toucque, et sont réputés pour leur humeur acariâtre. On cite même, chez eux, des cas de férocité inouïe. Depuis les temps les plus reculés, ils emploient, pour la traction et les travaux des champs, les zèbres dont il vous a été donné de contempler quelques échantillons. Ils se montrent très jaloux de leurs bêtes, et n'ont jamais voulu en vendre une seule aux gens des autres communes. On suppose que Grailly-sur-Toucque est une ancienne colonie africaine, amenée en Normandie par Jules César. Les savants ne sont pas bien d'accord sur ce cas très curieux d'ethnographie.

Le lendemain, j'eus du phénomène une explication moins ethnographique, mais plus plausible.

Je rencontrai la bonne mère Toutain[1], l'hôtesse de la ferme Siméon, où logeait Sapeck.

La mère Toutain était dans tous ses états :

— Ah ! il m'en a fait des histoires, votre ami Sapeck ! Imaginez-vous qu'il est venu hier des gens de la paroisse de Grailly en pèlerinage à Notre-Dame-de-Grâce. Ces gens ont mis leurs chevaux et leurs ânes à notre écurie. Monsieur Sapeck a envoyé tout mon monde lui faire des commissions en ville. Moi, j'étais à mon marché. Pendant ce temps-là, monsieur Sapeck a été emprunter des pots de peinture aux peintres qui travaillent à la maison de M. Dufay, et il a fait des raies à

1. La mère Toutain était la propriétaire de la ferme Saint-Siméon sur les hauts de Honfleur, « rendez-vous des célébrités des arts et des lettres » (selon une publicité des années 1880) et des participants aux cérémonies du centenaire de la naissance d'Alphonse Allais en 1954...

tous les chevaux et à tous les *bourris* des gens de Grailly. Quand on s'en est aperçu, la peinture était sèche. Pas moyen de l'enlever ! Ah ! ils en ont fait une vie, les gens de Grailly ! Ils parlent de me faire un procès. Sacré monsieur Sapeck, va !

Sapeck répara noblement sa faute, le lendemain même.

Il recruta une dizaine de ces lascars oisifs et mal tenus, qui sont l'ornement des ports de mer.

Il empila ce joli monde dans un immense char à bancs, avec une provision de brosses, d'étrilles et quelques bidons d'essence.

A son de trompe, il pria les habitants de Grailly, détenteurs de zèbres provisoires, d'amener leurs bêtes sur la place de la mairie.

Et les lascars mal tenus se mirent à *dézébrer* ferme.

Quelques heures plus tard, il n'y avait pas plus de zèbres dans l'ancienne colonie africaine que sur ma main.

J'ai voulu raconter cette innocente, véridique et amusante farce du pauvre Sapeck, parce qu'on lui en a mis une quantité sur le dos, d'idiotes et auxquelles il n'a jamais songé.

Et puis, je ne suis pas fâché de détromper les quelques touristes ingénus qui pourraient croire encore au fourmillement du zèbre sur certains points de la côte normande.

« Ce qui surprend chez Allais c'est qu'on n'aperçoit presque jamais le cheminement qui l'a fait arriver à une de ses trouvailles. Ses pensées ne s'enchaînent pas comme celles de tout le monde, selon un protocole banal. »

(Tristan Bernard)

Un cas peu banal, nous semble-t-il

Nous étions trois personnes dans ce compartiment.

Trois, pas une de moins, pas une de plus, détail qui a son importance, ainsi qu'on va voir.

Ces trois personnes se dénombraient ainsi :

1° L'infatigable remueur d'idées qu'est l'auteur de ces lignes et que je me permets de citer en tête à cause de la situation suprématique qu'il occupe dans les lettres d'aujourd'hui ;

2° Un monsieur d'aspect quelconque, mais si formidablement quelconque que cela en devenait une curieuse originalité ;

3° Celle-là, je l'ai gardée pour la bonne bouche, comme disent les gens : une jeune fille d'une indicible beauté. Mais pourquoi faut-il, ô jeune fille d'une indicible beauté, que votre charmant visage recèle tant de non moins indicible tristesse !

Jeune et jolie comme vous êtes, point pauvre ainsi que l'indiquent votre vêtement et vos parures, que vous manque-t-il donc pour rire à la vie de toutes vos affriolantes quenottes ?

Je l'ignorais et maintenant que je le sais, comme je vous plains, ô jeune fille d'une indicible beauté !

Cependant, le monsieur quelconque redoublait encore de quelconquisme et mon intérêt se portait de préférence sur ma désolée compagne de route.

Quelques petits services que je lui rendis, une glace aidée à lui baisser *(sic)*, un livre ramassé n'arrivèrent pas à lui arracher le moindre merci oral, mais quel sourire de gratitude, quel ineffable et douloureux sourire !

Tout à coup il se déroula le plus bizarre des phénomènes.

Sans que ni le remueur d'idées, ni le quelconque, ni la jeune fille eussent desserré les lèvres, une voix s'éleva dans le compartiment, une voix étrange, à la fois lointaine et proche.

Et cette voix disait :

— C'est bien la première fois, pardieu, que je voyage avec une demoiselle aussi exquise.

Qui de nous trois parlait ainsi ?

A moins que la voix ne vînt d'un compartiment voisin.

Mais non, avec le grondement du train, on n'eût pu percevoir aussi distinctement les mots prononcés.

Le plus curieux de l'affaire, c'est que mon effarement, bien légitime, ne semblait partagé ni par le quelconque, ni par la jeune fille que le mystérieux propos aurait pourtant dû intéresser.

De nouveau la voix s'éleva :

— C'est malheureux qu'elle ait un air si triste, la belle demoiselle... Et quelle joie ce serait de la pouvoir consoler !

Même indifférence chez mes deux compartimentaux.

Étais-je donc la proie d'une hallucination ?

L'énigmatique organe continuait ses galanteries, sans que la lumière arrivât à se produire dans mon esprit.

Quand soudain la jeune fille se tourna vers le quelconque et lui dit d'un ton plutôt sec, mais d'une voix harmonieusement timbrée :

— Si c'est pour m'étonner, monsieur, que vous vous livrez à toute cette ventriloquerie, je vous avertis que vous perdez votre temps et votre peine.

— Vous êtes donc bien difficile à épater, mademoiselle ?

— Ça n'est pas ça.

— Quoi donc alors ?

— C'est que je suis sourde et muette de naissance.

. . . .

Maisons-Laffitte !

Le quelconque descendit.

Demeuré seul avec la jolie sourde-muette.

— Pardonnez mon indiscrétion, mademoiselle, mais si vous êtes sourde, ainsi que vous le dites – et quel intérêt avez-vous à mentir ? – comment avez-vous pu entendre les propos que vous tenait cet imbécile de ventriloque ?

— Pareillement aux aveugles lesquels, comme l'indique leur nom, dénués de la vue, suppléent à ce manque par une sorte d'hyperesthésie de leurs quatre autres sens au point de remplacer le manquant, de même, moi, pauvre sourde, suis arrivée à remplacer le sens de l'ouïe par une extraordinaire subtilité de la vue, si bien que je lis sur les lèvres de mon interlocuteur les paroles qu'il prononce et cela, monsieur, avec la même précision que vous pouvez les entendre avec vos deux oreilles.

— Parfaitement, mademoiselle, et je n'ignorais point ce détail, mais je vous ferai remarquer que ce monsieur, en qualité de ventriloque, ne remuait point les lèvres.

— Oui, mais son estomac et son abdomen étaient agités de légers mouvements imperceptibles de vous, grossier entendant, mais facilement interprétables de moi, subtile sourde.

— Rien, en effet, mademoiselle, ne saurait être plus simple.

— N'est-ce pas ?

— Cependant, une question encore, si cela ne vous fatigue pas trop.

— Au contraire.

— Si vous êtes muette, mademoiselle, ainsi que vous le dites – et quel intérêt avez-vous à mentir ? – comment pouvez-vous vous exprimer avec cette facilité ?

— Parce que, monsieur, rien n'interdit aux muets d'être ventriloques, ce qui est mon cas.

— Tous mes compliments, mademoiselle, mais – et ce sera ma dernière indiscrétion – étant ventriloque, pourquoi parlez-vous en remuant les lèvres ?

— Simple coquetterie de jeune fille, monsieur, de jeune fille fort affligée de son infirmité et qui veut faire croire aux gens qu'elle entend et parle comme tout le monde.

« Il faisait penser à quelque Viking et comme ses ancêtres sur leurs barques remontaient le cours des fleuves, il remontait sur ses contes le courant des préjugés. »

(Maurice Donnay, de l'Académie française.)

Les deux cousins jumeaux

Mon groom, après avoir heurté l'huis, pénétra :

— Monsieur, dit-il, y a deux jeunes gens qui voudraient bien parler à Monsieur.

— Comment sont-ils ?

— Ils sont pareils.

— Faites-les entrer.

(Je ne tutoie plus mon groom depuis qu'il porte le ruban d'une médaille de sauvetage, illicite, d'ailleurs.)

Pareils ! Jamais ce garçon n'avait dit si vrai !

Même taille, physionomie identique, costume semblable, ces deux jeunes gens se ressemblaient, ainsi que dit le vulgaire, comme deux gouttes d'eau.

Ils m'apprirent qu'ils étaient artistes, l'un littérateur, l'autre dessinateur et m'exhibèrent quelques spécimens de leur collaboration, très gentils, ma foi, pour de si jeunes gens.

Et puis, ils m'appelaient *monsieur le rédacteur en chef* [1] avec un respect d'apparence sincère, à moins pourtant qu'ils ne se fichassent tout simplement de ma fiole, ce qui rentre bien dans les mœurs de la jeunesse moderne.

---

1. Allusion sans doute au journal *Le Sourire,* dont l'auteur est rédacteur en chef. *(Note d'Alphonse Allais.)*

Bref, je fus vite conquis et, de mon air le plus aimable :

— Je n'ai pas besoin, leur souris-je, de vous demander si vous êtes frères jumeaux ?

— Nous sommes, répondit l'un d'eux, mieux que frères jumeaux.

— ??? !!!, m'interloquai-je légèrement.

— Mieux que des frères jumeaux ! insista l'autre, nous trouvant être, par-dessus le marché, cousins germains.

Est-ce que les jeunes gens ne s'offraient pas, décidément, ma cafetière ?

— Comment, m'efforçai-je de garder mon calme, deux individus peuvent-ils être à la fois jumeaux et cousins germains ?

— Oh ! rien de plus simple !

Et l'un d'eux (le dessinateur, je crois, à moins pourtant que ce ne fût l'écrivain) me narra la curieuse aventure que je condense ainsi :

Un homme (leur père à tous les deux) s'éperdit un beau matin d'amour pour deux jeunes filles jumelles et dont la ressemblance frisait le miracle.

Comme les lois qui régissent actuellement notre pauvre France n'autorisent un monsieur qu'à épouser une femme à la fois, le pauvre homme dut se faire une raison et devenir le mari d'un unique échantillon des demoiselles.

Les jeunes filles, d'âme sans doute analogue, brûlaient pour le jeune homme d'une flamme identique.

La confusion que vous devinez sans peine résulta de cette étrange situation.

Le soir même de ses noces, le demi-mari (ou *double*, si vous aimez mieux) rendit mères les deux jeunes filles.

... Neuf mois après, dans la même maison, à une heure de différence, deux bébés venaient au monde, deux gros bébés pareils que toute la famille entoura d'une tendresse égale et qui furent élevés botte à botte, si j'ose employer cette expression légèrement militariste à l'égard d'un âge si tendre.

Ce récit m'intéressa, l'avouerai-je ? au plus haut point.

Et je ne me lassais pas d'avoir sous les yeux ces deux types, jusqu'alors ignorés, de ces deux frères germains, doublés de cousins jumeaux.

Le fait me sembla si curieux que je n'hésitai pas à le communiquer à je ne sais plus quel journal.

Peu après, je recevais l'intéressante communication que voici :

« Monsieur,

» Fort occupés depuis quelque temps, ce n'est qu'aujourd'hui que nous prenons connaissance de l'étrange histoire récemment narrée par vous, dans laquelle il est question de deux frères jumeaux qui se trouvent être, par surcroît, cousins germains.

» Ce récit nous a d'autant plus intéressés, mon frère et moi, que nous sommes dans une situation encore plus bizarre que celle que vous signalez.

» Car, entre nous, vous jouez un peu sur les mots : vos deux jeunes gens ne sont pas, au sens strict des termes, frères jumeaux.

» Étant nés du même père et de mères différentes quoique jumelles, ils ne sont que *consanguins.*

» Nous, nés de la même mère, nous sommes, passez-nous l'expression, *utérins,* et, par conséquent, véritablement jumeaux.

» Comment nous sommes, en même temps, cousins germains ?

» Ah ! mon pauvre monsieur Alphonse Allais, que voici une sombre histoire bien faite pour arracher maintes larmes à de si jolis yeux !

» Notre père naquit dans des conditions effroyablement tragiques.

» Vous imaginez-vous une pauvre femme enceinte et forcée (son mari était capitaine au long cours et farouchement jaloux) d'accoucher au sein d'un trois-mâts-goélette en pleine mer[I] par un certain nombre de degrés de longitude et de latitude dont l'indication précise n'ajouterait rien au piquant de l'aventure.

» L'accouchement de la pauvre femme se compliqua de ce regrettable détail, qu'au moment même où notre père voyait le jour (cela se passait, d'ailleurs, par la plus sombre des nuits), un grand steamer américain coupait en deux le trois-mâts-goélette de notre grand-père.

» Une partie de l'équipage, parmi laquelle, malgré son désespoir, le capitaine, fut sauvée.

» On crut perdus quelques autres canots ou radeaux, dont l'un d'eux avait recueilli le frêle bébé.

» A la suite de quel miracle notre papa fut-il conservé à l'existence ? C'est ce que nous ne nous chargerons pas d'expliquer.

» L'essentiel, c'est qu'il vécut et fut élevé dans la famille d'un brave trafiquant des îles Auckland.

» De son côté, notre grand-père, croyant disparue sa progéniture, se remaria et fit souche d'une nouvelle génération dont, n'oubliez pas ce détail, une petite fille.

» La suite, vous la devinez, cher astucieux !

» Notre père – abrégeons – connut notre mère sans savoir qu'elle était sa sœur, et nous naquîmes bientôt, le même jour.

» Et c'est nous, monsieur, qui sommes les vrais jumeaux, puisque nés ensemble de la même mère, et cousins germains, puisque la mère de mon frère est sœur de mon père, et réciproquement.

» Agréez, etc., etc.

» *Signé :* Les frères DELACOTE. »

I. Victor Hugo n'aurait pas raté le rapprochement pourtant de mauvais goût : Pleine mère, pleine mer ! *(Note d'Alphonse Allais.)*

Pour enlever à cette communication ce que comporte de pénible toute histoire d'inceste, j'ajouterai que mes renseignements personnels me permettent d'affirmer que les jeunes gens qui signent *les frères Delacote* ne sont pas frères jumeaux, ni même cousins germains. De simples relations de cabaret, m'affirme-t-on en haut lieu.

« L'attitude d'Allais représente ce qui manque le plus à notre époque. Voyez les littérateurs actuels : tous ces gens-là ne pensent qu'à nous convertir, à nous engager, à nous bourrer de preuves, à jouer aux penseurs sociaux. Allais au contraire manifeste l'éminente dignité de la légèreté.

[...] *Au lieu de nous engager, il nous dégage. Et nous en avons terriblement besoin dans la boursouflure universelle et ubuesque de ce temps. »*

(Jean-Hugues Sainmont,
'pataphysicien, 1954)

La fable « Le Singe et le Perroquet »

A propos de perroquets, connaissez-vous la fable persane « Le Singe et le Perroquet », fiction si ingénieuse à la fois et si fertile en enseignements de toutes sortes ?

Vous ne la connaissez pas, dites-vous : je l'aurais parié.

Malheureusement, pour la bien dire, c'est la plume du vieux La Fontaine qu'il faudrait ou celle du jeune Franc-Nohain, et je n'ai à ma disposition aucun de ces deux ustensiles.

Contentons-nous donc pour cette fois d'une excellente prose à la Fléchier, si j'ose m'exprimer ainsi :

Il y avait une fois dans le même palais un singe et un perroquet.

Et c'étaient, entre ces deux bêtes, d'éternelles discussions sur leurs mérites personnels.

— Moi, disait le singe, je fais des grimaces comme l'homme. Comme l'homme, je gesticule. Mes pattes de derrière sont des jambes et des pieds, celles de devant des bras terminés par des mains. D'un peu loin, on me prendrait pour un homme, un homme petit, mais un homme.

— Moi, disait le perroquet, je n'ai jamais eu la sotte prétention de me faire passer pour un homme, mais de l'homme je possède le plus bel apanage, la parole ! Je puis dire de beaux vers et chanter d'ineffables musiques.

— Je puis jouer la pantomime, ripostait le singe.

— La pantomime ? ricanait le perroquet en haussant les épaules. La pantomime, art inférieur, suprême ressource pour cabots aphones !

— Art inférieur ! s'indignait le singe. Vous n'avez donc pas lu la dernière chronique de Mendès sur la pantomime ?

— Non ! répliquait le perroquet d'un ton sec.

Bref, le singe en tenait pour le Geste, le perroquet pour le Verbe.

Lequel était supérieur et plus près de l'humanité, du Geste ou du Verbe ? *That was the question.*

Un jour, la querelle prit des proportions démesurées et nos deux animaux furent bien près d'en venir aux… pattes !

Par bonheur, ce scandale fut évité grâce à un trait d'esprit de notre singe, lequel eut le dernier mot :

— Vous grimacez, moi je parle ! répétait le perroquet pour la millième fois.

— Tu parles, tu parles, s'impatienta le singe : eh bien, et moi, qu'est-ce que je fais, espèce d'imbécile, depuis une heure que nous sommes là à discuter bêtement ?

C'est pour le coup que le perroquet eut le bec cloué.

« Philosophe à l'air bonasse
Ce jocrisse blond filasse
Par qui Prudhomme est honni
Met souvent sans prendre garde
Les pieds, quoiqu'on le regarde
Dans le plat de l'Infini. »
(Georges Lorin,
alias *Cabriol,*
au Chat Noir)

Dieu

Au docteur Antoine Cros[1].

Il commence à se faire tard.

La fête bat son plein.

Les gais compagnons sont hauts en couleur, bruyants et amoureux.

Les belles filles, dégrafées, s'abandonnent. Leurs yeux, doucement se mi-closent, et leurs lèvres qui s'entrouvrent laissent apercevoir des trésors humides de pourpre et de nacre.

Jamais pleines et jamais vides, les coupes !

Les chansons s'envolent, scandées par le cliquetis des verres et les cascades du rire perlé des belles filles.

Et puis, voilà que la très vieille horloge de la salle à manger interrompt son tic-tac monotone et ronchonneur pour grincer rageusement, comme elle fait toujours quand elle se dispose à sonner l'heure.

1. Le docteur Antoine Cros (1835-1903) était le frère aîné du poète et inventeur Charles Cros.

C'est minuit.

Les douze coups tombent, lents, graves, solennels, avec cet air de reproche particulier aux vieilles horloges patrimoniales. Elles semblent vous dire qu'elles en ont sonné bien d'autres pour vos aïeux disparus et qu'elles en sonneront bien d'autres encore pour vos petits-fils, quand vous ne serez plus là.

Sans s'en douter, les gais compagnons ont mis une sourdine à leur tumulte, et les belles filles n'ont plus ri.

Mais Albéric, le plus fou de la bande, a levé sa coupe et, avec une gravité comique :

— Messieurs, il est minuit. C'est l'heure de nier l'existence de Dieu. *Toc, toc, toc !*

On frappe à la porte.

— Qui est là ?... On n'attend personne et les domestiques ont été congédiés.

Toc, toc, toc !

La porte s'ouvre et on aperçoit la grande barbe d'argent d'un vieillard de haute taille, vêtu d'une longue robe blanche.

— Qui êtes-vous, bonhomme ?

Et le vieillard répondit avec une grande simplicité :

— Je suis Dieu.

A cette déclaration, tous les jeunes gens éprouvèrent une certaine gêne ; mais Albéric, qui décidément avait beaucoup de sang-froid, reprit :

— Ça ne vous empêchera pas, j'espère, de trinquer avec nous ?

Dans son infinie bonté, Dieu accepta l'offre du jeune homme, et bientôt tout le monde fut à son aise.

On se remit à boire, à rire, à chanter.

Le matin bleu faisait pâlir les étoiles quand on songea à se quitter.

Avant de prendre congé de ses hôtes, Dieu convint, de la meilleure grâce du monde, qu'il n'existait pas.

En guise de postface
La saillie de Jeanson

Nous avons en vain cherché un texte d'Henri Jeanson parlant d'Alphonse Allais afin de le publier dans cet ouvrage ; c'est cependant lui qui « procréa » notre Académie, à Honfleur, le 8 août 1954, lorsque, accompagné du provéditeur général du Collège de 'Pataphysique, de Pierre Varenne, Fernand Ledoux, André Warnod, Henri Magnan, Max Favalleli, il remit à Eugène Ionesco le « Prix séculaire d'horticulture allaisienne » dans la pharmacie célèbre. C'était le début des cérémonies du centenaire de la naissance de notre fondateur involontaire. A cette occasion, Henri Jeanson lut trois lettres, l'une de Raymond Queneau, l'autre de René Clair, la dernière de Marcel Achard, qui, ne pouvant être sur place, voulaient s'associer à cet hommage. On a pu lire, *supra*, des extraits de ces pertinences.

Le même jour, après une réception à la mairie où il officia également, il présenta avec Henri Spade au Grenier à Sel l'émission de radio « La joie d'avoir vécu d'Alphonse Allais », dont la mise en ondes fut assurée par moi-même. Henri Jeanson alla jusqu'à donner la réplique à Martine Carol, Fernand Ledoux et Christian-Jaque dans *SILVÉRIE ou les Fonds hollandais*, une pièce en un acte d'Alphonse Allais et de Tristan Bernard.

René Lefèvre, Amédée, Lucienne Marnay, Pierre Varenne participèrent à cet hommage et Robert Rocca présenta en avant-première le premier des deux spectacles consacrés à Alphonse Allais qu'il allait créer avec Pierre Tchernia à La Tomate, un cabaret parisien.

Nous devons à Jean-Yves (le Compère) Loriot, actuel tenancier de la pharmacie du père d'Alphonse Allais, conservateur du plus petit musée du monde, membre actif de l'Académie et des Amis, la copie du programme de ce jour mémorable et les extraits de presse qui le relatèrent.

Nous profitons également de ces petites annonces « accouplées » pour saluer la mémoire de Robert Chouard et de Robert Rotrou, qui ont remis sur les rails l'Académie Alphonse Allais, le 1er août 1985, en la domiciliant à la mairie d'Honfleur, grâce à l'hospitalité bienveillante et continue des maires et la complicité de leurs concitoyens.

Nous regrettons pour Henri Jeanson que sa saillie soit remplacée par une sorte d'insémination artificielle, mais nous pensons – quel que soit le lieu d'où il nous entende actuellement – que, connaissant bien la Jeanson, il en rit.

Pierre Arnaud de Chassy-Poulay

Table

Cet ouvrage a été composé
par Atlant'Communication
à Sainte-Cécile (Vendée)

Impression réalisée par
l'imprimerie Hérissey
à Évreux (Eure)
en mars 2002

pour le compte des Éditions de l'Archipel
département éditorial
de la S.A.R.L. Écriture-Communication

Imprimé en France
N° d'édition : 475 – N° d'impression : 91971
Dépôt légal : avril 2002